헬라어적 관점과 역사론적 관점과

관용어적 관점으로 본

하존 요한계시록 5

오흥복 지음

이 책을 선택하신 여러분은 탁월한 선택을 하셨습니다. 왜냐하면, 한국에서 이 세 가지 관점으로 요한 계시록을 쓴 책은 저밖에 없기 때문입니다.

헬라어적 관점과
역사론적 관점과
관용어적 관점으로 본

하존 요한계시록 5

초판1쇄 2020년 3월 30일

지은이 : 오흥복
펴낸이 : 이규종
펴낸곳 : 엘맨
서울시 마포구 토정로222 한국출판콘텐츠센터 422-3
출판등록 제1998-000033호(1985.10.29)
전화 : (02) 323-4060
팩스 : (02) 323-6416
이메일 : elman1985@hanmail.net
www.elman.kr
ISBN 978-89-5515-673-7 03230

이 책에 대한 무단 전재 및 복제를 금합니다.
잘못된 책은 구입하신 서점에서 바꿔드립니다.

값 12,800 원

계시라는 말에는 헬라어 '아포칼륍시스'와 히브리어 '하존'이라는 말이
있는데 '아포칼륍시스'는 자연계시, 일반계시, 특별계시를 모두 포함한
광역적인 계시를 말하고, 하존이란 한 가지 주제에 포커스(초점)을 맞추고
집중 조명하는 계시인데 저는 종말에 포커스를 맞추었기에
하존 요한 계시록이란 책을 쓰게 된 것입니다.

http://cafe.daum.net/dhbsik
(서울 순복음 은총교회 홈페이지)

위 카페에 들어오시면 퍼즐 레마 성경공부와
서울 순복음 은총 교회와 기도응답 전문학교에서 강의한
강의 내용을 동영상으로 보실 수 있습니다.

목차

서문 / 8

제 1 강 - 계18장 / 13
제 2 강 - 계19장 / 57
제 3 강 - 계21장 / 101
제 4 강 - 계22장 / 153

서문

지금으로부터 7년 전, 저자가 27권의 책을 쓰고, 이제 쓸 책은 다 썼다 생각하고 무료하게 시간을 보내고 있던차, 어느 지인 목사님의 "요한 계시록 세미나에 함께 참석해 보시지 않겠느냐"는 제안에 그 목사님과 하루 3시간짜리 세미나에 참석하게 되었습니다. 강의를 들으면서 뭔가 90% 부족하다는 생각을 하며 집에 왔는데 그때부터 저의 머릿속에 요한 계시록을 저렇게 해석하면 되겠느냐는 여운이 사라지지 않고, 기도할 때마다 떠오르곤 했습니다. 그러기를 한달 그때 주님의 음성이 들려왔습니다. "그러면 네가 한번 요한 계시록을 해석해 보면 어떻겠느냐"는 제의였습니다. 그때 저는 주님께 당돌하게 대답했습니다. "알겠습니다. 주님! 제가 해보겠습니다". 그러자 주님께서 "그러면 어떻게 해석해 보려고 하느냐"라고 하셔서 저만의 특징을 살려 "헬라어적 관점과 역사론적 관점으로 한번 해석해 보겠습니다"라고 대답한 후, 3개월 만에 요한 계시록 세미나를 했습니다.

이렇게 요한 계시록 세미나 강의를 7번 하던차, 떠오른 생각은 "요한계시록은 관용어로 기록되었구나"하는 것이었습니다. "그러므로 관용어를 알지 못하면 아무리 헬라어적 관점과 역사론적인 관점으로 본다고 해도 요한계시록을 제대로 해석한다는 것은 불가능하겠구나"하는 생각이 들었습니다. 그래서 창세기부터 요한복음에 이르기까지의 관용어를 다 찾아내서 관용어를 정리해 "관용어로 본 성경"이란 책을 쓰게 되었고, 그때 요한계시록도 관용어로 정리하게 되었습니다. 그래서 본 책의 제목을 '헬라어적 관점과 역사론적 관점과 관용어적 관점으로 본 하존 요한계시록'이라는 제목을 붙이게 된 것입니다.

여기서 헬라어적 관점이란 헬라어 단어를 찾아 그 단어가 어떻게 태동했는지 그 유래를 찾아 정리한 것으로 계시록 7장까지 그 작업을 했습니다. 계7장 이후에는 대부분의 단어가 반복되기에 더 이상 유래를 찾아 정리할 필요가 없었습니다. 또한 개정성경의 요한 계시록 각 장의 구절을 헬라어로 요한계시록 1장부터 22장까지 해석해서 정리했습니다.

그리고 역사론적 관점은 저의 책「다가온 종말론」을 참고해 요한계시록 중간 중간에 역사적인 이야기를 삽입해 기록했습니다. 여러분들도 역사론적 관점으로 요한계시록을 알고 싶으시면 저의 책「다가온 종말론」을 꼭 읽어보셨으면 합니다. 그런데 여러분들이 요한 계시록을 더 깊이 연구하기 원하시면 이「다가온 종말론」란 저의 책을 반드시 구입해서 읽어보셔야만 합니다. 왜냐하면, 소 계시록인 마태복음 24장과 25장과 다니엘서에 기록된 역사와 주후 70년 예루살렘 멸망시의 사건을 역사론적인 입장에서 아주 잘 정리해 기록해 놓았기 때문입니다.

또한 관용어적 관점으로 기록했는데 관용어란 히브리어로 '마샬'이라 하는데 이 말은 잠언으로 말하는 말인데 그 뜻은 "속담, 격언, 관용어"란 뜻을 가지고 있습니다. 그런데 이 마샬에서 비유라는 사복음서의 파라볼레(관용어)가 유래되었는데 이를 관용어라 합니다. 그런데 놀랍게도 요한 계시록은 제1장부터 22장까지 이 마샬(파라볼레)

로 다 연결 되어 있습니다. 그러므로 이 관용어를 알지 못하면 관용어라는 비밀코드로 되어 있는 요한 계시록을 아예 해석 할 수 없게 되어있는 것입니다. 그래서 저의 책 「하존 요한계시록」은 특별히 이 관용어를 자세히 다루고 있습니다. 그러므로 여러분들이 이 책을 보시면 관용어라는 비밀코드로 되어 있는 요한 계시록을 잘 이해하게 될 것입니다.

또한 계시라는 말에는 헬라어 '아포칼륍시스'와 히브리어 '하존'이라는 말이 있는데 '아포칼륍시스'는 자연계시, 일반계시, 특별계시, 기타등등의 계시라 해서 광역적인 계시를 다루는 것을 말하고, 하존이란 한 가지 주제에 포커스(초점)을 맞추고 집중 조명하는 것을 말하는데 저의 책이 하존 요한 계시록입니다. 즉 이는 종말에만 포커스를 맞추고 요한 계시록을 해석했다는 뜻입니다. 이 책을 선택하신 여러분은 탁월한 선택을 하신 것입니다. 왜냐하면, 한국에서 이 세 가지 입장에서 요한 계시록이란 책을 쓰신 분도 없고, 이 세 가지 입장에서 세미나를 하시는 분은 한 분도 없기 때문입니다. 특별히 관용어적 관점으로 요한계시록이란 책을 쓰신 사람은 저밖에 없기 때문입니다.

2019년 9월
서울 순복음 은총교회 오흥복 목사 드림

하존 요한계시록 5

제 1 강

계시록 18 장

l계 18장

천사에게 권세를 주신 이유

계시록 18장 1절을 보면 "이 일 후에 다른 천사가 하늘에서 내려오는 것을 보니 큰 권세를 가졌는데 그의 영광으로 땅이 환하여지더라"하고 있는데 계17장은 7머리 10뿔에 의해 계시록 17장 16절 바벨론과 음녀가 불로 타서 멸망할 것을 예언하는 장이었다. 계시록 18장은 "이 일후에(메타 타우타)"하므로 이 말은 앞의 내용 중 키워드에 해당하는 것을 디테일하게 설명할 때 쓰는 오버랩기법으로 이 말이 나왔음으로 계18장은 결국 계시록 17장 16절 내용을 구체적으로 확대 해석하는 장이라 할 수 있다. 즉 계시록 17장16절 불사르리라하고 미래로 말했는데 그렇게 불살라진 시점이 계시록 18장 2절이며 계시록 시간표로 하면 계시록 14장 8절에 해당하다.

"다른 천사가 하늘에서 내려"하고 있는데 계시록 17장은 일곱 대접 천사 중 한천사가 한 말이지만 본 장 1~3절은 다른 천사가 한 말인데 이 다른 천사는 본 장 21절을 보면 미가엘 천사장으로 바벨론 멸망을 선포한다.

"큰 권세를 가졌는데(엑수시안 메갈렌)"하며 이 천사가 큰 권세를 가졌다고 하는데 이 권세를 가진 천사는 본 장 21절에서 말하는 천사로 미가엘 천사장을 말하는데 이 권세는 하나님이 이 천사에게 위임한 것으로 이렇게 위임한 이유는 2절 바벨론 멸망을 선포하고 21절 이후 바벨론 재건이 불가능함을 선포하기 위해 위임한 것이다.

"그의 영광으로 땅이 환하여지더라"하고 있는데 이렇게 이 천사로 말미암아 땅이 환하여졌다는 말은 굿 뉴스를 의미하는 말로 이 후의 내용이 성도들에게는 좋은 내용이 나올 것을 시사하는 말이고, 반대로 바벨론과 음녀에게는 악재가 나올 것을 예고하는 말이다. 이렇게 그의 영광으로 땅이 환하여졌다는 말을 에스겔서 1장 28절에서는 광채로 나오고, 공동번역 성경에서는 영광스러운 광채로 해석하고 있다. 영광이 하나님의 빛을 말하는 것임으로 이 말은 하나님의 빛이 이 천사에게 후광으로 비추었다는 말이다. 그래서 하나님의 영광의 빛의 후광으로 그 천사가 빛이 났고 그 빛으로 인해 땅까지도 환하여 졌다는 말이다.

관용어적으로 이 천사가 주님의 모습으로 내려왔다는 것은 주님과 같은 권세를 위임 받았다는 말이다.

바벨론이 무너지다

계시록 18장 2절을 보면 "힘센 음성으로 외쳐 가로되 무너졌도다

무너졌도다 큰 성 바벨론이여 귀신의 처소와 각종 더러운 영의 모이는 곳과 각종 더럽고 가증한 새의 모이는 곳이 되었도다"하고 있는데 여기서 "힘센 음성으로 외쳐 가로되"라는 말의 헬라어는 '에크락산(크라조=외치다) 엔(안) 익스퀴이(힘), 포호네(음성) 메갈레(큰)'로 그 뜻은 '힘 있게 외쳤다. 큰 음성으로'으로 되어있다.

"무너졌도다 무너졌도다"하고 있는데 이 말의 헬라어는 '에페센(핍토=넘어지다) 에페센 바벨론 헤 메갈레(큰)'로 그 뜻은 '그 큰 바벨론이 무너졌다 무너졌다'라는 말인데 여기서 무너졌다는 말의 '에페센'은 부정 과거 시제로 과거에 한번의 사건으로 완전히 무너짐을 의미하는 말이다. 이렇게 계시록 17장 16절에서 불사르리라 하며 미래형으로 말하며 앞으로 무너질 것을 말했지만 비로소 그 예언이 본 절에 와서 완전히 성취된 것이다. 그런데 이렇게 무너진 시점은 계시록 14장 8절 때이다. 그러므로 계시록 17~18장은 시간표상으로 볼 때는 666표를 강요하기 전의 사건인 것이다.

"귀신의 처소와 각종 더러운 영의 모이는 곳과 각종 더럽고 가증한 새의 모이는 곳이 되었도다"하며 바벨론이 완전히 폐허가 되어 이제는 귀신들의 아지트가(휠라케인 감옥.감금) 되어 이젠 사람과 짐승도 살수 없는 황폐한 곳이 되었는데 이는 이미 이사야서 13장 20절과 예레미야 50장 39~40절에서 이렇게 될 것을 예언하고 있었다. 그리고 그 예언이 이제 성취된 것이다. 이 부분은 밑에서 다시 설명하겠다.

알렉산더는 BC 323년 바빌론에 돌아와 아라비아 원정을 준비하며 옛 바벨탑이 있던 자리에 자신의 궁전을 건축한다. 그러나 궁전을 건축하기도 전에 그만 열병에 걸려 33세에 죽게 된다. 그 후 사람들은 바벨탑 근처는 버림받은 땅으로 생각해 접근도 하지 않아 바벨탑 근처는 황폐해지게 된다. 그리고 지금도 그곳엔 사람이 살지 않고 바벨탑의 흔적만 있게된다. 그 이후 사람들은 저주받는다고 생각해 바벨탑이 있던 곳에는 가려 하지 않았다고 한다.

관용어적으로 바벨론이 무너졌다는 말은 바벨론 나라와 바벨론 종교가 무너졌다는 말이다.

바벨론 멸망을 표현하는 관용어

계시록 18장 2절을 보면 "힘센 음성으로 외쳐 가로되 무너졌도다 무너졌도다 큰 성 바벨론이여 귀신의 처소와 각종 더러운 영의 모이는 곳과 각종 더럽고 가증한 새의 모이는 곳이 되었도다"하고 있고, 렘9:11절을 보면 "내가 예루살렘을 무더기로 만들며 승냥이 굴이 되게 하겠고 유다의 성읍들을 황폐하게 하여 주민이 없게 하리라" 하며 예루살렘이 폐허 더미가 되어 승냥이가 기거하는 집이 될 것이라 하는데, 여기서 '승냥'은 히브리어로 '탄님'이라 해서 '자칼'을 뜻하는 단어로 좀 더 폭 넓게 사용되어 이리나 늑대등과 같은 짐승들도 말한다.

이런 표현은 폐허가 된 도시에 사람은 보이지 않고 짐승들만 유랑하는 굴혈(굴, 피난처)이 되었다는 말로 이는 당시 폐허가 된 도시를 상징하는 관용어적 표현으로 멸망이나 폐망을 말할 때 쓴 격언이었다. 그래서 승냥의 굴이 되게 하겠다는 말을 예루살렘 멸망이나 바벨론 멸망을 의미하는 말로 성경에서 쓰인다(계 18:2).

관용어적으로 폐허가 된 도시에 사람이 보이지 않고 짐승들만 유랑하는 굴혈(굴.피난처)이 되었다는 말은 당시 멸망한 도시를 말할 때 쓰는 표현이었다.

최고의 권력가인 음녀가 행한 죄는

계시록 18장 3절을 보면 "그 음행의 진노의 포도주를 인하여 만국이 무너졌으며 또 땅의 왕들이 그로 더불어 음행하였으며 땅의 상고들도 그 사치의 세력을 인하여 치부하였도다 하더라"하며 본 절은 큰 성 바벨론이 멸망당한 이유를 설명해 주는데 그것은 음행 때문이라는 것이다. 그 결과 큰 성 바벨론은 하나님의 진노의 심판을 받아 그 화려함이 사라지고 폐허가 되어 오직 더럽고 악한 영들과 짐승들만이 거하는 처소가 되었다는 것이다(계 18:2,18).

"음행"이라는 말의 헬라어는 '폴네이아'인데 이는 "매음, 우상 숭배"를 말하는데 매음이라는 말의 헬라어적 뜻에는 간음과 근친상간을 포함시킨 것으로 나온다. 그러므로 바벨론이 멸망한 이유는 세 가지 이유인데 첫째는 바벨론나라가 하나님을 대적한 것이고, 둘째는 바벨론 종교로 인한 우상 숭배이고, 셋째는 바벨론 종교의 결혼 풍습인 음행 때문이다. 그런데 이 세 가지의 배후 조종자는 음녀이다. 그러므로 한마디로 말하면 바벨론은 음녀로 인해 멸망했다는 말이다. 왜냐하면 그녀는 바벨론의 정점에 앉아 배후 조장을 해서 바벨론 나라가 하나님을 대적하게 만들었고, 우상 숭배하게 했고, 매음하게 했기 때문이다. 그런데 이 세 가지를 바벨론에게만 행한 것이 아니라 땅의 왕들과 상인들에게도 행해 타락 시켰다는 것이다.

'음행의 진노의 포도주를 인하여'하고 있는데 여기서 "포도주"는 먹는 것을 말하기에 다른 사람에게 포도주를 먹게 하는 것은 전염 또는 전파를 말하는 말이고, 진노의 포도주란 하나님이 진노할만 것을 전파했다는 말로 그 포도주 속에 담겨져 있는 것은 음행이었다는 것이다. 음행이라는 폴네이아가 우상 숭배와 매음이 포함된 말이기에 이 음행의 포도주를 전 세계에 전염 시켰다는 말은 곧 우상 숭배와 매음을 전파했다는 말이고 더 나아가 하나님을 대적하게 했다는 말이다. 그래서 이 음행의 포도주가 담겨져 있는 포도주는 하나님을 진노케 하는 포도주였다는 것이다.

"만국이 무너졌으며"하고 있는데 여기서 무너졌다는 말이 바벨론과 함께 멸망했다는 말이 아니라 '그 음행의 진노의 포도주로 인하여' 무너졌다는 말로 음행의 진노의 포도주는 음행을 말하는 말로 이는 하나님을 대적하고 우상 숭배하고 매음하는 것을 받아들인 것을 말하는 말로 이 말은 결국 타락했다는 말이다. 여기서 만국이라는 말의 헬라어는 '페포켄(피노=마시다) 판타 타 에드네(이방)'로 그 뜻은 '이방 모든 사람들이 마셨다'라는 말로 이는 멸망을 말하는 2절의 '에페셴'이 아닌 "페포켄"인 "마시다"라는 말로 되어있다. 이는 이방 모든 나라들이 음녀와 함께 타락했다는 말이다.

"땅의 왕들이 그와 더불어 음행하였으며"하고 있는데 여기서 땅의 왕들은 계시록 17장 2절의 땅의 왕들을 말하는 것으로 이들은 니므롯 이후의 왕들을 말하는데 이들 역시 음녀를 받아 들여 매음과 우상 숭배를 했다는 말이다.

"땅의 상인들도 그 사치의 세력으로으로 치부하였도다"하고 있는데 이 말의 헬라어는 '엠포로이(장사꾼) 테스 게스(땅) 에크(밖으로) 테스 뒤나메오스(능력.풍부) 투 스트레누스(육욕에 빠짐,사치) 아우테스(3인칭 단수 여성속격, 그 여자의) 에플루테산(부하게 되다)'로 그 뜻은 '땅의 장사꾼들이 그녀가 육욕에 빠져 사치로 풍부해지자 부하게 되었다'라는 말로 이 말은 이 음녀가 사치에 빠지면 빠질수록 부자가 되었다는 말이다. 그 결과 상인들도 바벨론의 멸망과 함께 망했다는 말이다.

관용어적으로 바벨론 멸망의 배후에는 음녀가 있었는데 그 음녀는 바벨론 나라로 하여금 하나님을 대적하게 했고, 종교로 우상 숭배하게 했고 매음하게 했다. 종교는 나라의 정점에 있는 최고의 권력자이다. 그래서 종교는 나라와 우상 숭배와 풍습을 지배하여 좌지우지 한다. 그러므로 최고의 권력자는 왕이 아닌 종교이다. 그런데 그 종교가 바로 음녀라는 것이다. 그런데 그 음녀가 바벨론만 타락시킨 것이 아니라 세계 모든 나라도 타락시켰다는 것이다.

보좌 우편에 계신 예수님의 당부

계시록 18장 4절을 보면 "또 내가 들으니 하늘로부터 다른 음성이 나서 이르되 내 백성아, 거기서 나와 그의 죄에 참여하지 말고 그가 받을 재앙들을 받지 말라"하고 있는데 본장4~19절까지는 보좌 우편에 계시는 주님이 하시는 말로 2절 바벨론이 멸망했는데 그 이유는 3절 음녀 때문에 멸망했다는 것이다. 그러므로 너희들은 이 바벨론의 음녀를 본 받지 말라는 말이다. 그런데 만약 본받게 되면 너희들도 여자와 땅의 왕들과 부자들과 같이 멸망하게 될 것이라는 말이다. 그런데 이 당부는 후 삼년반에 남겨진 성도들에게 하는 말씀이 아니라 요한시대 이후 성도들에게 당부하는 말이다. 왜냐하면 본장4~19절까지는 첫째로 삽경이고 둘째로 미래형으로 기록되었기 때문이다. 첫째로 삽경은 계시록에서 없다고 생각해도 되지만 문장이 진행되는 과정에서 등장하는 계시록 14장 13절과 계시록 16장 15절과 같은 삽경은 요한시대로 돌아와서 성도들에게 당부하는 삽경이다. 둘째로 미래형으로 기록되었는데 이렇게 삽경을 넣어 미래형으로 기록한 이유는 요한 이후의 성도들에게 음녀를 본받지 말 것을 당부하기 위해서이다.

"또 내가 들으니 하늘로부터 다른 음성이(포네) 나서"하고 있는데 본장4~19절까지 이 음성이 이끌어 가는데 이 음성은 천사도 아니고 하나님도 아닌 보좌 우편에 계신 예수님이 하신 말씀이다. 왜냐하면 천사는 "내 백성아" 할 수 없기 때문이며 또한 5절을 보면 하나님은 당신을 "하나님은"이라 하지 않기 때문이다.

"내 백성아"하고 있는데 이 말의 헬라어는 '호 라오스(백성) 무(1인칭 대명사 속격)'로 그 뜻은 '나의 백성아'라는 말로 이는 요한 시대 이후의 성도들에게 하는 말이다. "내 백성"이라는 말은 본래 유대인을 가리키는 말이었으나, 그러나 유대인에게만 한정적으로 사용되지는 않았다. 침례 요한과 예수님은 이스라엘의 경건한자 뿐만 아니라 이방인들도 제자로 삼았으며(마 3:9 ; 8:11), 따라서 이방인들도 "내 백성"이라는 말의 범주에 포함되었다. 칼빈 주의자들은 이 내 백성이라는 말을 선택과 예정론으로 한정시켜 예정된 백성만 말한다고 하지만 관용어적으로 이 말은 초창기에는 유대인만을 말했지만 예수님 이후에는 예수 그리스도의 권위와 그 통치를 인정하는 모든 "백성"을 의미하는 말로 사용되었다.

"거기서 나와 그의"하고 있는데 이 말의 헬라어는 '엑셀데테(엑셀코마이=나가다) 엑스(에게서) 아우테스(3인칭 단수 여성 속격.그 여자의)'로 그 뜻은 '그녀(음녀)에게 나와서'라는 말인데 여기서 '엑셀데테'는 성경에서 하나님께서 구속 사역을 통하여 자신의 백성을 구별하시는 것을 나타내는 말로(창 12:1 ; 렘 51:45), 요한 이후 성도들에게 음녀를 본받지 말라고 당부하는 말이다. 만약 본받게 되면 너희들도 음녀처럼 멸망하게 된다는 말이다. "거기서 나와 그의 죄에 참여하지 말고, 그가 받을 재앙들을 받지(람바노) 말라"하고 있는데 이는 요한 이후의 성도들에게 음녀의 죄에 참여하지 말 것을 당부하는 말이다.

관용어적으로 4~19절까지는 삽경으로 이 삽경은 요한 이후의 성도들에게 음녀를 본 받지 말 것을 당하는 말이다.

바벨론이 멸망한 이유

계시록 18장 5절을 보면 "그의 죄는 하늘에 사무쳤으며 하나님은 그의 불의한 일을 기억하신지라"하며 요한 이후의 성도들에게 말씀하시길 바벨론이 이렇게 멸망한 이유는 바벨론은 치료 불가능한 중병에 걸렸기 때문이고 그들의 죄는 하나님께 상달 될 정도였다고 하고 있다(출2:23). 이는 예레미야서 51장 9절을 반영한 것으로 예레미야서 5장 9절을 보면 "우리가 바벨론을 치료하려 하여도 낫지 아니한즉 버리고 각기 고향으로 돌아가자 그 화가 하늘에 미쳤고 궁창에 달하였음이로다"하고 있다.

"그의 죄는 하늘에 사무쳤으며"하고 있는데 이 말의 헬라어는 '호티(왜냐하면) 에콜루데산(아콜루데오=다다르다) 아우테스(3인칭 여성 속격, 그여자의) 하이 하말티아이(죄) 아크리(까지) 투 우라누(하늘)'로 그 뜻은 '그 여자의 죄가 하늘에까지 다다렀다'는 말로 음녀를 본 받지 말아야 할 이유는 음녀의 죄가 하늘인 하나님께 상달 되었기 때문이다. 그런데 여기서 다른 사본에서는 사무쳤다는 말을 '콜라오'라 해서 달라붙은 것으로 되어있다. 출애굽기 2장 23절을 보면 이스라엘 사람들의 신음소리가 하나님께 상달 된 것 같이 음녀의 죄가 하나님께 상달되었다는 것이다. 그래서 음녀가 멸망 받았다는 것이다. 출애굽기 2장 23절을 보면 "여러 해 후에 애굽 왕은 죽었고 이스라엘 자손은 고된 노동으로 말미암아 탄식하며 부르짖으니 그 고된 노동으로 말미암아 부르짖는 소리가 하나님께 상달된지라"하고 있다.

"하나님은 그의 불의한 일을 기억하신지라"하고 있는데 이 말의 헬라어는 "카이 엠네모뉴센(므네모뮤오=생각하다) 호 데오스(하나님) 타 아디케마타(아디케나=악행) 아우테스(3인칭 여성속격)"로 그 뜻은 '음녀의 악행을 하나님께서 기억하셨다'라는 말로 이는 바벨론(음녀)이 멸망한 이유는 바로 하나님께 행한 악행인 하나님을 대적하고 매음과 우상 숭배한 것을 하나님께서 잊지 않고 기억하셨기 때문이다.

관용어적으로 바벨론이 멸망 받은 이유는 음녀의 지배를 받은 바벨론이 하나님께 행한 악행인 하나님을 대적하고 우상 숭배하고 매음한 악행을 기억하셨기 때문이다.

갑절로 원수를 갚으라는 말은

계시록 18장 6절을 보면 "그가 준 그대로 그에게 주고 그의 행위대로 갑절을 갚아 주고 그가 섞은 잔에도 갑절이나 섞어 그에게 주라" 하고 있는데 하나님은 신약성경 어느 곳에서도 하나님의 백성에게 구약성경에 나타난 복수법을 시행하라고 하시지 않고 있다. 주님은 오히려 핍박하는 자들을 향해 축복을 기원해야 하며 악으로 갚아서는 안 되고 사랑하라 하고 있다(롬 12:14,17 ; 마 5:44). 갑절로 갚아 주라는 복수법은 구약적 관용어로 하나님은 악한자에게 합당한 징계를 반드시 주신다는 의미에서 사용했던 말이다.

"그가 준 그대로 그에게 주고"하고 있는데 여기서 '그 가, 그 에게'라는 말의 헬라어는 '3인칭 대명사 단수 여성 여격인 '아우테'이다. 그러므로 여기서 '그'는 '음녀'를 말하는 것이다.

'갑절을 갚아 주고'라는 말을 혹자는 이런 구약적 복수법을 우리에게 시행하라고 하는 말씀이라 하는데 7~8절을 보면 하나님이 갑절로 갚아 음녀를 불사른다고 하고 있기에 이는 우리에게 복수하라는 말이 아니라 하나님이 직접 갑절로 복수해 준다는 말인 것이다. 만약 이 갑절로 복수하라는 말이 우리에게 하신 말씀이라면 이는 역설적인 말로 우리에게 원수를 더 갑절로 사랑하라는 말로 받아들여야 한다. 왜냐하면 하나님이 우리에게 허락하신 복수는 원수를 축복해주고 더 사랑해 주는 것이라 했기 때문이다.

관용어적으로 이 말씀은 우리에게 원수를 갚으라는 말이 아니라 하나님께서 갑절로 바벨론 멸망시 불살라 죽임으로 갚으신다는 말이다.

음녀는 과부가 아니기에 애통함을 당하지 않는다.

계시록 18장 7절을 보면 "그가 얼마나 자기를 영화롭게 하였으며 사치하였든지 그만큼 고통과 애통함으로 갚아 주라 그가 마음에 말하기를 나는 여왕으로 앉은 자요 과부가 아니라 결단코 애통함을 당하지 아니하리라 하니"하고 있는데 여기서 "그 가"는 헬라어 3인칭 여성 단수 여격인 '아우테'로 되어있기에 6절과 같이 음녀를 말한다.

"그가 얼마나 자기를 영화롭게 하였으며 사치하였든지 그만큼 고통과 애통함으로 갚아 주라"하고 있는데 이는 6절과 같이 하나님께서 갚아 주신다는 말이다. 그런데 여기서 '사치하였든지'에 해당하는 헬라어는 '에스트르레니아센'으로 이는 극에 달한 방탕한 생활을 가리킨다. 음녀는 스스로를 하나님의 위치에 올려놓고 피조물에 불과하면서도 창조주 되신 하나님께 영광을 돌리기보다는 자신에게 영광을 돌렸으며 방탕한 생활로 악의 선봉자 역할을 하였다. 하나님은 그러한 음녀의 교만과 사치를 간과하지 않으시고 고난과 애통함으로 갚아 주신다는 것이다. 그것이 8절 불살라 죽게 하는 것으로 갚으신 것이다.

"그가 마음에 말하기를 나는 여왕으로 앉은 자요 과부가 아니라 결단코 애통함을 당하지 아니하리라 하니"하고 있는데 본 절은 음녀의 교만을 구체적으로 묘사한 것으로 이사야서 47장 7~9절을 반영한 것인데 이사야서 47장 8절을 보면 "그러므로 사치하고 평안히 지내며 마음에 이르기를 나뿐이라 나 외에 다른 이가 없도다. 나는 과부로 지내지도 아니하며 자녀를 잃어버리는 일도 모르리라 하는 자여 너는 이제 들을지어다"하고 있다. 음녀는 이렇게 스스로 왕임을 자처하며, 창조주이시며 전능자이신 하나님을 의지하기 보다는 자신의 풍요로운 물질을 의지하여 절대로 애통함을 당하지 않을 것이라고 호언장담한다. 그러나 이러한 음녀의 교만과 물질은 8절을 보면 '하루 동안'에 패망한다.

"과부가 아니라(케라)"하고 있는데 과부와 고아는 이스라엘에서 가장 불쌍한 존재를 말하는 관용어이기에 음녀가 자신을 과부가 아니라고 한 말은 결단코 남편과 같은 존재인 일곱 제국은 사라지지 않기에 그 7제국을 배후 조종하는 자기는 과부가 될 수 없다는 말이다. 왜냐하면 남편과 같은 존재인 일곱 제국들은 불사신이기에 그 불사신을 배후 조장하는 자기도 불사신이기 때문이다. 그러므로 자기는 불쌍한 과부가 될 수 없다는 말이다.

관용어적으로 음녀가 과부가 될 수 없고 애통함이 없을 것이라 호언장담한 이유는 남편과 같은 존재인 일곱 제국이 언제나 존재하기 때문이고, 그 일곱 제국을 배후 조장하는 존재인 본인은 제국이 영원히 존재하는 한 불사신처럼 존재하며 온갖 사치를 영원히 누릴 수 있기 때문이었다.

음녀의 멸망에 대하여

이사야서 18장 8절을 보면 "그러므로 하루 동안에 그 재앙들이 이르리니 곧 사망과 애통함과 흉년이라 그가 또한 불에 살라지리니 그를 심판하시는 주 하나님은 강하신 자이심이라"하고 있는데 본장 2절에 바벨론이 멸망했다고 나온 이후 대명사가 바벨론이라 되어 있지 않고 3인칭 여성 단수 여격인 '아우테'로 되어 있었다. 마찬가지로 본 절의 '그가'도 역시 바벨론이 아닌 3인칭.단수.여성 속격인 '아우테스'로 되어있다. 그러므로 본 절의 불에 살라지리니 라는 말의 주어는 계시록 17장 16절의 음녀인 것이다. 그렇다면 왜 바벨론 멸망을 바벨론 멸망이라 하지 않고 본 절과 계시록 17장 16절은 음녀의 멸망이라 했을까? 그것은 음녀는 곧 바벨론이기 때문이다. 즉 음녀가 멸망한 것은 곧 바벨론이 멸망한 것이기 때문이다. 디테일하게 설명하자면 바벨론의 배후에는 음녀라는 종교가 바벨론의 상투를 잡고 흔들었기 때문이다. 그러므로 바벨론의 진정한 멸망은 나라 바벨론이 아닌 음녀의 멸망이 되어야 하는것이다. 그래서 바벨론 멸망을 음녀의 멸망이라 하는 것이다.

본장 4절부터 19절까지는 앞에서 언급했듯이 삽경으로 요한이 성경을 기록할 당시에 하신 주님의 말씀으로 요한 이후의 성도들에게 당부하는 부탁의 말씀이다. 다시 말해 너희 성도들아 너희들은 바벨론과 음녀를 본받지 말라 만약 본받는 날에는 바벨론과 음녀가 멸망했던 것 같이 너희들의 운명도 음녀의 운명과 같은 처지에 놓이게 되니 그러므로 경성하여 깨어 열심히 신앙 생활하라는 말인 것이다.

'하루 동안에'라는 말의 헬라어는 '미아 헤메라'로 그 뜻은 '홀연히, 일시간에'라는 말로 이는 하나님의 심판의 재앙이 일순간에 닥쳐올 것을 의미하는 말로 히브리 관용어상으로 가장 짧은 기간을 의미하며 이사야 47장 9절에도 역시 바벨론이 하루아침에 망하게 될 것을 말하고 있다. 예레미야 30장 7절을 보면 바벨론이 고레스에 의해 멸망당할 때 이스라엘 백성들은 어떤 해도 당하지 않을 것이라 예레미야를 통해 약속하셨는데 하나님은 이 약속을 지키신다. 그래서 이스라엘 백성을 지키기 위해 견고한 성 바벨론이 멸망 당할 때 고레스는 바벨론 성의 수로를 통해 군대를 잠입시켜 술판이 벌어진 바벨론을 하루아침에 망하게 한다.

"사망과 애통함과 흉년이라"하고 있는데 계시록 6장 8절을 보면 사망과 애통과 흉년은 전쟁으로 인한 것으로 이는 바벨론과 음녀가 전쟁으로 망했다는 것을 반증하는 것이며 또한 본장 7절을 보면 음녀가 자신은 이런 고통을 당하지 않고 이런 일은 서민과 천민들이 당한다고 했는데 이에 대한 복수의 말인 것이다.

"그가(아우테스) 또한 불에 살라지리니"하고 있는데 계시록 17장 16절에는 바벨론과 음녀가 미래에 두 짐승에 의해 불에 타 죽일 것이라 나오는데 본 절에는 짐승이 아닌 하나님에 의해 죽었다고 나온다. 실제론 두 짐승이 죽었지만 이는 하나님의 허용적 자유 안에서 죽였기에 실제로는 하나님에 의해 죽은 것과 다름이 없는 것이다.

"그를 심판하시는 주 하나님은 강하신(이스퀴로스) 자이심이라" 하고 있는데 이는 하나님은 바벨론과 음녀 보다 더 강하신 분이시기에 이렇게 바벨론을 심판했다는 말이다.

관용어적으로 하나님이 바벨론의 배후 조종자인 음녀를 불살라 죽일 것이라 하셨는데 이는 바벨론과 그 종교(시아파)의 멸망을 말하는 말이다. 왜냐하면 바벨론의 배후에는 바벨론 종교가 있었기 때문이다.

바벨론 멸망을 보고 때 늦은 후회(회개)한 자들에 대하여

계시록 18장 9절을 보면 "그와 함께 음행하고 사치하던 땅의 왕들이 그가 불타는 연기를 보고 위하여 울고 가슴을 치며"하고 있는데 앞에서 언급했듯이 4절부터 19절까지는 예수님의 음성으로 그 시점이 요한이 계시록을 쓰는 시점이다. 그러므로 이는 앞으로 먼 미래에 있을 사건이다. 그래서 본 절부터 19절도 역시 이런 관점에서 봐야 한다. 다시 말해 본 절부터 19절까지는 불에 타 멸망당하는 음녀(바벨론)를 보고 그녀와 함께 음행하고 사치하던 자들의 애곡(회개)하는 내용이 나온다. 그런데 이 애곡하는 무리들이 실제로 바벨론(음녀) 멸망이 있은 후 애곡한 것이 아니라 역시 미래에 있을 일을 비유(예를 들어)로 설명하고 있는것이다.

"그와 함께 음행하고 사치하던 땅의 왕들이"하고 있는데 이 땅의 왕들은 음녀와 바벨론이 멸망하는 것을 보고 그때서야 솔로몬이 말한것과 같이 헛되고 헛된 것이 인생이라는 것을 깨닫고 하나님께 때 늦은 회개를 하고 돌아와 회개하고 첫째 부활에 참여할 자들을 말한다. 이부분은 계시록 21장 24절에서 구체적으로 설명하도록 하겠다.

"울고 가슴을 치며"하고 있는데 이들이 회개 했다는 말은 나오지 않지만 그러나 이는 이스라엘에서 회개할 때 하는 행동인 가슴을 치며 울었다는 말을 통해 볼 때 이들이 지금 회개하고 있다는 것을 알 수 있는 대목이다. 비록 때 늦은 후회를 했지만 아직도 회개의 기회는 있었던 것이다. 계시록 21장 24절을 보면 이들이 첫째 부활에 참여한 것으로 나온다. 회개의 기회는 대접재앙이 진행되는 계시록 16장 9.11절에도 주어졌기에 대접 재앙 전에 있을 바벨론 멸망 때도 역시 회개의 기회는 주어진 것이다. 그러므로 바벨론 멸망을 보고 때 늦은 회개를 해서 구원 받을 성도들도 많이 있다는 말씀이다. 그러므로 본 절부터 19절까지는 바벨론 멸망을 보고 회개하고 돌아오는 자들에게 대한 이야기라 보면 된다. 그러나 이는 공중 재림에 참여하지 못한 미련한 행동인 것이다. 그러므로 주님은 지금 경고성 말씀을 하시면서 이런 미련한 신앙생활을 하지 말고 때 늦은 후회를 하기 전에 나를 충실히 믿는 지혜로운 성도가 되어 공중 재림에 참여하라고 말씀

하고 있는 것이다.

관용어적으로 9~19절까지는 미래에 있을 바벨론 멸망과 음녀의 멸망을 보고 회개하고 돌아올 자들에 대한 이야기이다.

바벨론이 하루아침에 멸망당한 이유는

계시록 18장 10절을 보면 "그의 고통을 무서워하여 멀리 서서 이르되 화 있도다 화 있도다 큰 성, 견고한 성 바벨론이여 한 시간에 네 심판이 이르렀다 하리로다"하며 "그의 고통을 무서워하여 멀리 서서 이르되 화 있도다 화 있도다"하고 있는데 여기서 '그의'라는 말도 역시 여성 속격인 '아우테스'로 음녀를 말한다. 그러므로 9절의 왕들은 자기 나라에서 텔레비전이나 뉴스를 통해 바벨론과 음녀가 고통스럽게 멸망한 것을 보고 자신들도 그렇게 될까 봐 지금 탄식하며 회개하고 있다는 말씀이다. 왜냐하면 '무서워하여'라는 '프호본'이 공포를 말하는 말인데 이는 본인들도 하나님께 고통 가운데 멸망할까봐 두려워하고 있는 것을 말하는 말이기 때문이다(행 5:5). 그러므로 이들은 음녀와 바벨론 멸망을 보고 지금 하나님을 두려워 회개하고 있는 것이다. 또한 '화로다'라는 말이 '우아이'라 해서 '슬프다'라는 뜻을 가졌는데 이는 바벨론이 한시간에 멸망했기에 자신들도 그렇게 될까봐 두려워 회개하며 슬퍼하는 것이다.

"멀리 서서" 이 부분은 본장 18절을 참고 하길 바란다.

"큰 성, 견고한 성 바벨론이여 한 시간에 네 심판이 이르렀다 하리로다"하고 있는데 본 절을 보면 지금까지 죽음을 음녀의 죽음으로 말했는데 본 절 하반절에 와서는 그 음녀의 죽음을 바벨론 멸망으로 말하고 있다. 이는 진정한 바벨론 멸망은 음녀의 멸망인데 바벨론 멸망과 음녀의 멸망이 같은 날 이루어졌기에 결국 음녀의 멸망은 곧 바벨론 멸망이 되는 것이다. 한편 본 절을 보면 바벨론 멸망이 한 시간에 이루어 졌다고 하고 있는데 반해 본장 8절에는 하루 동안 이루어 졌다고 하며 대조를 이루고 있다. 이는 하루나 한시간은 유대인의 관용어상 가장 짧은 시간을 말하는 말이기에 결국 같은 말을 하고 있는 것이다. 그런데 다니엘 5장 30~31절을 보면 바벨론의 벨사살왕이 자다가 다리오왕의 급습을 받고 진짜 하루만에 망하는 것이 나오는데 그런데 이렇게 바벨론이 하루아침에 멸망한 이유에 대하여 렘51:1~8절을 보면 예루살렘을 하루아침에 멸망했기에 하나님도 그대로 복수해 주셔서 바벨론도 하루아침에 멸망하게 했다는 말이다.

관용어적으로 바벨론이 한시간 또는 하루 아침에 멸망했다는 말은 가장 짧은 시간에 멸망했다는 말이고 또한 바벨론이 이스라엘을 점령할 때 하루 아침에 점령했기에 바벨론이 망할때도 하루아침에 멸망하게 했다는 것이다.

회개할 수 없는 죄를 지은 상인들

계시록 18장 11절을 보면 "땅의 상인들이 그를 위하여 울고 애통하는 것은 다시 그들의 상품을 사는 자가 없음이라"하고 있는데 음녀의 죽음을 보고 두 번째로 애통해 하는 부류는 상고들이라는 무역업자들이다. 본 절에서 13절까지의 상인들은 인신매매를 했기에 이들은 회개할 수 없는 상인들이지만 15절의 상인들은 회개한 상인들을 말한다. 물론 본 절에서 13절까지의 상인들이 15절의 상인들에 속하지만 그러나 15절의 상인들은 좀 다르다. 왜냐하면 이들은 회개를 하고 있기 때문이다. 그러므로 본장 11절에서 17절 상반절까지의 상인들중에는 회개의 기회가 주어진 상인들이 있고 회개의 기회가 주어지지 않는 상인들이 있는데 13절의 상인들은 살인과 인신매매를 한 상인들이기에 회개의 기회가 주어지지 않지만 인신매매를 하지 않은 다른 상인들은 회개의 기회가 주어진다.

한편 '상인'이라는 말의 헬라어는 '엠프로이'라 해서 '도매 상인.장사꾼'으로 지금으로 말하면 무역업자를 말하는 말이고, '울고'라는 말의 헬라어는 '클라이우신'으로 그 뜻은 '큰소리로 울부짖다'라는 말로 이는 단순히 흐느끼는 정도의 울음을 의미하는 것이 아니라 대성통곡을 의미한다. 그런데 상인들이 이렇게 대성통곡하고 애통해하는 이유는 바벨론 멸망으로 인해 자신들의 이익을 보장해 주던 기반이 상실되었기 때문이었다. 이 상인들의 슬픔과 애통은 철저하게 이기적인 마음에서 비롯되었기에 이들은 회개의 기회조차 주어지지 않는다. 그리고 이들의 울음을 보면 자신들의 상품을 살자가 없어서 통곡했다고만 나온다. 그러므로 이들은 회개 할 수 없는 죄를 지은 13절의 인신매매를 했던 상인들이다. 또한 '상품'이라는 말의 헬라어는 '고모스'

로 그 뜻은 '화물, 짐'이라는 말인데 이 말은 본 절과 사도행전 21장 3절에만 나오는 단어이다.

관용어적으로 본 절의 상인들은 인신매매를 했던 상인들이라 회개할 수 없는 죄를 지은 상인들을 말한다.

상인들이 거래한 품목

계시록 18장 12절을 보면 "그 상품은 금과 은과 보석과 진주와 세마포와 자주 옷감과 비단과 붉은 옷감이요 각종 향목과 각종 상아 그릇이요 값진 나무와 구리와 철과 대리석으로 만든 각종 그릇이요"하고 있는데 본 절과 13절은 주후 1세기경 무역업자들이 취급하던 사치 상품의 구체적인 품목들이다.

'금과 은과 보석과 진주'는 인간이 사치하며 부를 과시하는 대표적인 사치 품목이고, '세마포와 자주 옷감과 비단과 붉은 옷감이요'하고 있는데 세마포는 값비싼 고급 천을 말하고, 자주 옷감과 비단과 붉은 옷감은 오늘날과 같이 염색 기술이 발달하지 않았기에 염색한 옷감은 매우 값이 비쌌고, '각종 향목과 각종 상아 그릇이요 값진 나무와 구리와 철과 대리석으로 만든 각종 그릇'은 당시 이런 재료들은 재질이 단단하고 아름다워 고대로부터 고가품 장식물을 만드는 재료였다.

관용어적으로 본 절의 상품들은 사치품의 대명사들이다.

인신매매는 용서 받지 못할 죄이다

계시록 18장 13절을 보면 "계피와 향료와 향과 향유와 유향과 포도주와 감람유와 고운 밀가루와 밀이요 소와 양과 말과 수레와 종들과 사람의 영혼들이라"하고 있다.

"계피와 향료와 향과 향유와 유향과"하고 있는데 이들 품목은 당시 종교의식이나 제사 또는 장례식 때 사용되었다. 계피는 당시 향품이나 약으로 쓰였고, 향유는 향수를 말하고, 유향은 약재나 향품으로 쓰였다.

"감람유와 고운 밀가루와 밀"하고 있는데 감람유는 약용, 화장품, 등잔 기름, 종교의식용 기름으로 다양하게 사용되었고, 고운 밀가루와 밀은 권세자들과 부자들만 먹던 고급 식품 재료이다.

"말과 수레"하고 있는데 이는 당시 말과 수레는 평민들이 소유할 수 없는 부와 명예의 상징이었다.

"종들과 사람의 영혼들이라"하고 있는데 이 말의 헬라어는 '카이 소마톤(소마=육체) 카이 프쉬카스(프쉬케) 안드로폰'로 그 뜻은 '육체와 사람의 영혼'이라 되어 있는데 이는 노예의 몸과 생명을 가리키는 말이다. 즉 생명을 가리킨다는 말은 죽였다는 말이다. 이렇게 로마시대에 사람을 매매하고 살인했던 것은 사람을 물건으로 취급했기 때문이다. 본 장11~13절의 상인들은 인신매매와 사람의 생명을 죽였기에 회개 할 수 없는 죄를 지었다. 그래서 이들은 구원받을 수 있는 기회조차 박탈당한다. 그러나 15절 이후의 상인들은 진짜 회개한 상인들이다. 물론 11~17절 상반절까지 상인들과 같은 상인들 이지만 그러나 이 상인들 중에 인신매매를 했던 상인들과 사람을 죽인 상인들은 회개의 기회가 주어지지 않지만 인신매매 살인을 하지 않은 상인들에게는 회개의 기회가 주어지는 것이다. 요엘3:3~7절을 보면 이스라엘 백성을 인신매매한 자들은 용서받지 못할 죄를 지었기에 이런 죄를 지은 앗수르와 바벨론은 하나님의 복수에 의해 멸망당할 것이라 하고 있다. 그 결과 두 나라는 멸망을 당한다. 즉 인신매매와 살인은 용서받지 못할 죄 즉 회개할 수 없는 죄라는 것이다. 그래서 본장11~13절의 상인들은 15절의 상인들과 같은 상인들 속에 들어가지만 상품 거래 품목이 달라 구원 받지 못하는 것이다.

관용어적으로 용서받지 못할 죄와 용서 받을 수 있는 죄가 있는데 이들 상인들은 용서 받지 못할 죄를 지은 것이다(요일 5:16~17).

음녀가 좋아하던 것들

계시록 18장 14절을 보면 "바벨론아 네 영혼이 탐하던 과일이 네게서 떠났으며 맛있는 것들과 빛난 것들이 다 없어졌으니 사람들이 결코 이것들을 다시 보지 못하리로다"하고 있는데 혹자는 바벨론 멸망을 과학문명의 멸망으로 보는데 만약 바벨론 멸망이 과학문명의 멸망이라면 666표를 어떻게 새길수 있었겠느냐? 그런데 이렇게 바벨론 멸망을 과학 문명의 멸망으로 보는 이유는 바벨론 멸망을 계시록 16장 대접재앙 이후로 보기 때문이다. 그러나 계시록 17장 1절에서 언급했던 것 같이 바벨론 멸망은 계시록 14장 8절에서 이루어졌다. 그러므로 과학 문명의 멸망이 될 수 없고 바벨론 나라와 종교인 음녀의 멸망이 되는 것이다.

"바벨론아 네 영혼이 탐하던"하고 있는데 음녀인 바벨론이 영혼을 팔아서라도 가지고 싶어 했고, 죽는 순간까지 지키고 싶었던 품목으로 첫째는 과일, 둘째는 맛있는 음식, 셋째는 빛난 것들이었다.

여기서 '탐하던'이라는 말의 헬라어는 '에피뒤미아스'인데 이는 정욕을 의미한다. 정욕하면 사람들은 성욕만 말하는 것으로 아는데 정욕이란 사람이 가지고 있는 다섯가지 욕망과 일곱가지 정을 말하는 말로 오욕에서는 식욕, 물욕, 수면욕, 명예욕, 색욕이 있고 칠정에는 희노애락애(사랑)오(미움)욕(욕망)이 있다. 정욕을 한마디로 말하면 육적인 욕심을 말하는 말이다. 어거스틴은 타락전의 인간에게는 정욕이 없었다고 한다. 그래서 벌거벗고 다닐 수 있었고 또한 천국에는 정욕이 없는 곳이라 했다.

"과일이 네게서 떠났으며"하고 있는데 과일인 선악과가 최초로 사람의 정욕에 눈을 뜨게 한 것 같이 음녀는 이렇게 선악과와 같이 정욕에 눈을 뜨게 하는 과일을 좋아했다.

"맛있는 것들과"하고 있는데 이 말의 헬라어는 '타 리파라'로 이는 외국에서 들어온 값비싸고 기름진 음식을 말하는 말로 이것 역시 정욕을 채우는 음식들이다.

"빛난 것들이 다 없어졌으니"하고 있는데 이 말의 헬라어는 '타 람프라'로 이는 값비싼 옷감이나 옷 그리고 수입된 나무나 보석 등으로 만든 장식품을 가리키는 것으로 역시 정욕적인 것들로 치장하는 것을 말한다.

"다시 보지(우 메 휴리스코) 못하리로다"하고 있는데 이 말의 헬라어는 '우 메(우메는 결코~아니다) 휴레세스(보다)'로 그 뜻은 '결코 보이지 않는다'로 음녀는 지금까지 이와 같은 정욕적인 식품을 먹고, 입고, 치장해서 정욕적인 사람이 되었는데 그러나 이제는 바벨론이 완전히 멸망했기 때문에 이런 것들이 소용없게 되었다는 말이다.

관용어적으로 음녀 바벨론은 정욕적인 것을 좋아해 자기 정욕을 채우기에 급급했다. 그래서 상인들은 이런 정욕적인 것들을 공급했지만 음녀가 멸망함으로 더 이상 상인들은 이런 것들을 공급할 수 없었고 또한 바벨론에서 이런 것들은 더 이상 찾아 볼 수 없게 되었다. 이는 바벨론의 완전한 멸망을 말하는 말이다.

회개한 상인들

계시록 18장 15절을 보면 "바벨론으로 말미암아 치부한 이 상품의 상인들이 그의 고통을 무서워하여 멀리 서서 울고 애통하여"하고 있는데 이들은 본 장 11절과 연관된 것으로 바벨론으로 인해서 부를 축적하고 사치하던 상인들의 애통함에 대한 진술이다.

이 상인들이 11절의 상인들과 동일한 상인들인 이유는 '이 상품의 상인들'이라는 말 때문이다. 왜냐하면 이 말의 헬라어는 '호이 엠포로이(상인) 투톤(지시대명사)'으로 그 뜻은 '그 상품의 상인들'이라는 말로 "투톤"이 지시 대명사로 11절의 상인들을 의미하고 있고 또한 상인들 앞에 특정 상인을 의미하는 정관사 '호이'가 붙어 있기 때문이다. 이렇게 11~17절 상반절까지의 상인들이 같은 상인이지만 그러나 그 상인들 중 다루는 품목은 각각 달랐다. 왜냐하면 상인들 앞에 붙은 정관사가 '복수'이기 때문이다. 이는 한사람이 점유에서 음녀에게 모든 물품을 공급한 것이 아니라 많은 상인들이 여러 상품을 가지고 공급했기 때문이다. 그런데 이렇게 상품을 공급한 상인들 중에 어떤 상인은 살인과 인신매매를 한 사람이 있고, 어떤 상인은 과일만 공급한 사람이 있고, 어떤 상인은 향수만 공급한 사람이 있고, 어떤 상인은 철을 공급한 상인들이 있기 때문이다. 그러나 11절의 상인들과 본 절의 상인들이 같은 상인들이지만 각각 다루는 품목이 달랐던 것이다. 그러므로 이중 인신매매에 관여한 상인만 빼놓고 나머지 상인들은 본 절을 통해 볼 때 회개의 기회가 주어져 회개하고 주님을 영접한 것이다.

"상인들이 그의 고통을(바사니스무) 무워워하여(프호본) 멀리 서서 울고 애통하여"하고 있는데 무역업자들은 바벨론의 멸망을 보고 자기들도 하나님께 멸망 당할까봐 지금 울며 애통하고 있는 것이다. 즉 회개하고 있는 것이다. 이들이 멀리서서 운 이유는 본장 18절을 참고하라

관용어적으로 본 절에 나타난 상인들은 회개하고 있는 상인들이다.

바벨론(음녀)이 누리던 영광

계시록 18장 16절을 보면 "이르되 화 있도다 화 있도다 큰 성이여 세마포 옷과 자주 옷과 붉은 옷을 입고 금과 보석과 진주로 꾸민 것인데"하고 있다.

"화(우아이) 있도다 화 있도다"하며 화가 두 번 반복된 것은 강조법으로 바벨론의 완전한 멸망을 강조하는 것이다.

"큰 성이여"하고 있는데 이 말의 헬라어는 '헤 폴리스(성) 헤 메갈레(큰)'로 '큰 성'을 말한다.

"큰 성이여 세마포 옷과 자주 옷과 붉은 옷을 입고 금과 보석과 진주로 꾸민 것인데"하며 큰 성이 옷을 입고 금은보석과 진주로 치장했다고 나오는데 이는 성이 그렇게 치장할 수 없다. 그러므로 이는 음녀의 치장을 의미한다. 또한 본 절에 언급된 바벨론의 치장 품목들은 17장에서 음녀가 자신을 치장한 품목들과 유사하다(계 17:4). 이 사실은 17장에서 언급된 음녀와 큰 성 바벨론이 동일함을 시사한다(계 17:18). 이는 앞에서 여러 번 언급했듯이 바벨론 멸망은 곧 음녀의 멸망을 말하는 것이며 음녀의 멸망은 곧 바벨론 멸망을 말하는 것이기 때문이다. 왜냐하면 실제적으로 바벨론을 쥐락펴락한 존재가 음녀이기 때문이다. 또한 이런 치장들은 음녀의 영광과 권력과 부를 과시하던 것들이었다.

관용어적으로 음녀는 곧 바벨론이고 바벨론은 곧 음녀로서 그들은 이 땅에서 최고의 영광을 누렸던 자들이다.

해운업에 종사하는 자들이 본 바벨론 멸망

계시록 18장 17절을 보면 "그러한 부가 한 시간에 망하였도다 모든 선장과 각처를 다니는 선객들과 선원들과 바다에서 일하는 자들이 멀리 서서"하며 '그러한 부가 일시간에 망하였도다' 하고 있는데 이 부분은 본장 11절부터 계속 진행된 상인들의 통곡으로 그들은 자신들을 치부할 수 있도록 해준 바벨론의 부가 파괴 된 것을 안타까워하는 동시에 일부 상인들은 바벨론 멸망을 보고 헛되고 헛된 것이 인생임을 깨닫고 회개하는 장면이 묘사되고 있다.

'각 선장과 각처를 다니는 선객들과 선인들과 바다에서 일하는 자들이 멀리 서서'하고 있는데 이들은 바벨론 멸망을 애통해 하는 세 번째 부류로서 본문이 지칭하고 있는 이 사람들은 배를 타고 각국을 다니면서 해운업에 종사하는 모든(파스) 사람들을 가리킨다. 이들은 땅의 상인들과 연계하여 그들의 상품을 운송해 주는 등의 일을 하면서 부자가 된 자들이다. 따라서 이들 역시 땅의 상인들과 마찬가지로 바벨론의 멸망으로 인해 자신들의 부의 원천이 사라진데 대하여 애통하고 있다(19절)

"바다에서 일하는 자들"하며 바다에서 일하는 자들이 나옴으로 계시록 16장 18절 대 지각변동 전이다. 왜냐하면 만약 대 지각변동이 있은 후라면 바다에서 일하는 사람들이 나오지 않게 된다. 왜냐하면 계시록 16장 3절을 보면 "둘째 천사가 그 대접을 바다에 쏟으매 바다가 곧 죽은 자의 피 같이 되니 바다 가운데 모든 생물이 죽더라"하며 피바다가 되어 바다 생물이 다 죽었기에 바다에서 일하는 사람이 없기 때문이다. 그런데 본 절에는 일하는 사람이 나온다는 것은 아직 계시록16장의 대접 재앙의 때가 아니기 때문이라는 말이다. 다시 말해 바벨론 멸망은 계17:1절에서 언급한 것 같이 일곱 대접을 가지고 있는 천사 중 하나가 한 말이기에 대접재앙 전에 있었던 사건으로 계14:8~9절 사이에 있었던 사건이기 때문이다. 자세한 내용은 계시록 17장 1절 저의 책을 참고해 주길 바란다.

"멀리 서서" 이 말의 헬라어는 '아포(~로부터) 마크로덴(멀리) 에스테산(히스테미)'로 그 뜻은 '멀리서서'이다. 이들 역시 10절의 땅의 왕들과 15절 땅의 상인들과 같이 멀리 서서 바벨론 멸망을 지켜보고 탄식하고 있다.(본 장 18절을 참고하라)

관용어적으로 세 번째 부류들은 해운업에 종사하는 사람들로 이들 역시 음녀로 인하여 부자가 된 자들이다.

불타는 연기를 보고

계시록 18장 18절을 보면 "그가 불타는 연기를 보고 외쳐 이르되 이 큰 성과 같은 성이 어디 있느냐 하며"하고 있는데 여기서 해운업에 종사하는 사람들이 불타는 연기를 보고 한 말인데 이는 마치 소알성과 아브라함이 소돔이 멸망한 후 그 연기를 보는 것과 같다(창 19:28).

계시록 9장 15~18절과 계시록 14장 8절에서 언급했던 같이 바벨론 멸망이 곧 세계 3차 대전과 거의 동일하게 일어나게 된다고 했는데 이렇게 볼 때 본 절의 불과 연기는 핵전쟁 후 있을 불과 버섯구름일 것이다. 그래서 왕들이나 상인들이나 해운업에 종사하는 자들이 멀리 서서 뉴스나 티브이를 통해 바벨론의 멸망을 지켜 본 것이다. 이 부분은 저의 책 계시록 9장과 계시록 14장을 참고하길 바란다.

"이 큰 성과 같은 성이 어디 있느냐"이는 에스겔 2장 29~32절의 두루의 멸망을 보고 선장과 선객과 선원들이 불렀던 애가를 관용어적 의미로 바벨론 멸망에 대한 애가로 반영한 것이다. 반영이라는 말의 뜻을 자세히 알려면 저의 책 계시록 10장 9절을 참고하라

관용어적으로 선객들과 선장과 선원들이 멀리서 바벨론의 불타는 연기를 보았다는 것은 핵전쟁 후 불과 버섯구름을 보았다는 말이다.

상인들이 티끌을 자기 머리에 뿌리며 애통한 이유

계시록 18장 19절을 보면 "티끌을 자기 머리에 뿌리고 울며 애통하여 외쳐 이르되 화 있도다 화 있도다 이 큰 성이여 바다에서 배 부리는 모든 자들이 너의 보배로운 상품으로 치부하였더니 한 시간에 망하였도다"하고 있다.

"티끌을 자기 머리에 뿌리고 울고 애통하여 외쳐 가로되"하고 있는데 해운업에 종사하는 사람들의 애통은 땅의 왕들이나 상인들의 애통보다 훨씬 더 강렬했다. 티끌을 자기 머리에 뿌리는 행위는 에스겔 27장 30절의 두로의 애가에서도 나타나는 표현으로서 깊은 슬픔을 상징하는 행위인데 히브리인들은 극한 수치나 슬픔이 있을때 이와 같은 행동을 했다. 이는 또한 이들이 회개하는 장면이기도 하다.

'큰 성이여'하고 있는데 이 부분은 본장 16절을 참고하라

'바다에서 배 부리는 모든 자들이 너의 보배로운 상품으로 치부하였더니'하고 있는데 이 말의 헬라어는 '엔(안에) 헤 에플루테산(플루테오=부하게 되다) 판테스(파스) 호이 에콘테스(에코=소유) 플로이아(플로이온=배) 엔(안) 테 달랏세(바다) 에크(밖) 테스 티미오테토스(티미오테스=보배로움.값이 비싼) 아우테스(3인칭대명사.단수.여성 속격.그(여자)의)'로 그 뜻은 '바다에서 배를 소유한 모든 자들을 부유하게 만들었다. 그의 값이 비싼 상품이'라는 말로 이는 해상무역을 통해 선원들이 부유해졌다는 말이 아니라 배의 주인인 선주들이 부유해 졌다는 말이다. 그런데 여기서도 역시 바벨론을 3인칭 여성 단수인 '아우테스'로 쓰고 있다. 이는 바벨론 멸망을 음녀의 멸망으로 보기 때문이다.

또한 계시록 18장 4절부터 본 절 19절 까지는 보좌우편에 계신 예수님이 요한 이후의 성도들에게 음녀를 본받지 말것을 당부하는 말이기도 하다.

관용어적으로 선원들이 티끌을 자기 머리에 뿌리고 울고 애통한 이유는 그들의 극한 슬픔을 표현하는 동시에 회개하는 행위이다.

본 절은 사도 요한이 한 말이다.

계시록 18장 20절을 보면 "하늘과 성도들아 사도들과 선지자들아, 그로 말미암아 즐거워하라 하나님이 너희를 위하여 그에게 심판을 행하셨음이라 하더라"하고 있는데 계시록 18장은 2절에서 바벨론 멸망을 선포하고 4절부터 주님이 보좌 우편에서 19절까지 삽경으로 말씀 하신 내용으로 그 시점은 요한이 계시록을 기록하는 시점이다. 다시 말해 먼 미래에 바벨론이 멸망하면 바벨론 멸망에 대하여 여러 부류의 사람들이 평가하고 또한 그들이 바벨론 멸망을 보고 일부는 회개하고 돌아올 것을 이야기했다.

그런데 본 절인 "하늘과 성도들아 사도들과 선지자들아, 그로 말미암아 즐거워하라 하나님이 너희를 위하여 그에게 심판을 행하셨음이라 하더라"라고 한 존재가 누구냐는 것이다. 1~3절이 미가엘 천사장이 한 말이라면, 4~19절은 보좌 우편에 계신 주님이 요한 시점에서 말씀 하신 말이고, 20절은 저자 요한이 요한 시점에서 4~19절의 주님의 말씀을 듣고 화답하는 말씀이다. 혹시 4~20절까지를 같이 보는 분이 계실지 모르는데 4~19절의 내용과 20절의 내용은 그 뉘앙스상 약간 다르다. 왜냐하면 만약 예수님이 보좌 우편에서 한 말씀이면 본 절과 같이 "성도들아"하고 말하지 말고, 4절과 같이 "내 백성아"하며 말했어야 했다. 그러나 같은 말을 다르게 표현하고 있는 것으로 보아 4~19절과 본 절 20절은 뉘앙스가 다른 분이 한 말로 4~19절은 주님이 하신 말씀이고, 20절은 사도 요한이 한 말인 것이다.

"하늘과 성도들아 사도들과 선지자들아"하고 있는데 이 말의 헬라어는 '우라네(하늘), 카이 호이 하기오이(성도) 아포스톨로이(사도) 카이 호이 프롭헤타이(선지자)'로 그 뜻은 '하늘과 성도들과 사도들과 선지자들'이라는 말로 여기서 하늘은 천사를 말하고, 성도들은 성령 받은 신약의 성도들을 말하고, 사도들은 14사도를 말하고, 선지자들은 신구약 교회의 지도자들을 말한다. 여기서 사도가 14명이라 하는 이유는 행1:26절을 보면 맛디아 포함에 12사도가 되었는데 행14:14절을 보면 바울과 바나바도 사도라 하고 있기 때문이다.

'그로 말미암아 즐거워하라'하며 즐거워하라 하고 있는데 왜냐하면 하나님이 하늘과 성도들아 사도들과 선지자들의 신원의 기도를 들으셔서 먼 미래에 음녀인 바벨론을 심판하셔서 멸망할 것이기 때문이다.

"하나님이 너희를 위하여 그에게 심판을 행하셨음이라 하더라"하고 있는데 이 말의 헬라어는 '호티(왜냐하면) 에크리넨(크리노=판결.선고) 호 데오스(하나님) 토 크리마(심판.형벌) 휘몬(당신.너희) 엑스(에게) 아우테스(3인칭대명사.단수.여성.그(여자)의'로 그 뜻은 "왜냐하면 하나님께 너희를 위하여 그에게 심판을 선고하셨기 때문이다"하며 하나님이 하늘과 성도들아 사도들과 선지자들의 신원의 기도를 들으셔서 심판을 행하셨기 때문이라는 것이다. 그런데 여기서 "심판을 행하셨음이라"하며 이미 심판을 행했다고 완료로 말하고 있는데 이는 요한 시점에서 미래 완료형으로 말하고 있기 때문인 것이다. 즉 먼 미래에 이들의 기도를 들으셔서 바벨론 멸망이라는 심판을 행할 것이라는 말인 것이다. 그런데 하나님 앞에서 시간이란 과거도 현재이고, 현재도 현재이고, 미래도 현재이기에 미래 완료로 쓴 것이다.

관용어적으로 하늘은 천사를 말하고, 성도들은 성령 받은 신약의 성도들을 말하고, 사도들은 14사도를 말하고, 선지자들은 신구약 교회의 지도자들을 말하는 말이다

바벨론의 영원한 멸망을 말하는 관용어

계시록 18장 21절을 보면 "이에 한 힘 센 천사가 큰 맷돌 같은 돌을 들어 바다에 던져 이르되 큰 성 바벨론이 이같이 비참하게 던져져 결코 다시 보이지 아니하리로다"하고 있는데 계시록 18장 1~3절은 미가엘 천사장이 한 말이고, 4~19절은 삽경으로 예수님이 요한 당시로 돌아가 미래의 성도들에게 바벨론을 본 받지 말 것을 당부하는 말이고, 20절은 요한사도의 말이고, 21~24절은 3절과 바로 연결되는 힘센천사인 미가엘 천사장이 한 말이다. 또한 계시록 17~18장은 바벨론 1차 멸망을 말하는 말이지 2차 멸망을 말하는 말이 아니다. 왜냐하면 계16장에 나오는 바다는 피바다인데 본장에 나오는 바다는 그냥 바다로 나오기 때문이고, 또한 세공업자와 신랑과 신부가 바로 전까지 바벨론에 있었기 때문이다(22~23절). 그러나 2차 바벨론 멸망에 해당하는 계시록 16장 19절에는 이런 사항들이 나오지 않고 있다.

"한 힘 센 천사가 큰 맷돌 같은 돌을 들어 바다에 던져 이르되"하고 있는데 이는 책 읽기를 다한 후에 책에 돌을 매달아 유브라데 강 속에 던짐으로 영원한 파멸을 말한 예레미야 51장 63~64절을 관용어적으로 반영한 말로 본 절의 미가엘 천사의 이런 상징적 행동은 계시록 18

장 2절에서 멸망한 바벨론이 다시는 리모델링할 수 없는 영원한 파멸을 당하였음을 강조해서 말하기 위한 행동이었다.

"결코 다시 보이지"라는 말의 헬라어는 '우 메(우메=결코~않다) 휴레데(보다) 에티(다시)'로 그 뜻은 '결코 다시 보이지 않았다'라는 말인데 본 절부터 24절까지 '우 메 휴레데 에티'라는 말이 무려 6번이나 나온다. 이는 음녀 바벨론이 완전한 멸망했음을 강조하는 말이다.

관용어적으로 힘 센 천사가 큰 맷돌 같은 돌을 들어 바다에 던졌는데 이는 바벨론의 영원한 파멸을 말하는 말이다.

연자맷돌을 매고 죽어라

계시록 18장 21절을 보면 "이에 한 힘 센 천사가 큰 맷돌 같은 돌을 들어 바다에 던져 이르되 큰 성 바벨론이 이같이 비참하게 던져져 결코 다시 보이지 아니하리로다"하고 있고, 누가복음 17장 2절을 보면 "그가 이 작은 자 중의 하나를 실족하게 할진대 차라리 연자맷돌이 그 목에 매여 바다에 던져지는 것이 나으리라"하며 작은자를 실족하게 하면 연자맷돌을 목에 메고 죽는 편이 낫다고 했는데 여기서 연자맷돌은 방앗간에서 손으로 돌려 곡식을 빻는데 사용하는 작은 회전형 맷돌이 아닌 크기가 너무 커서 소나 말의 힘을 이용하지 않으면 돌릴 수 없는 큰 맷돌을 말한다(참고로 삼손도 이 맷돌을 돌렸다).

누가복음 17장 2절에서 말하는 연자 맷돌은 한 가운데 구멍을 뚫은, 맷돌의 윗돌을 가리키는 말이지 맷돌의 밑돌을 말하는 것이 아니다. 그런데 소자중 하나를 실족케 하면 이 맷돌을 목에 매고 바다에 던져지는 것이 나으리라 했는데 실제로 고대 로마, 그리스 등지에서는 극악한 범죄로써 공공의 안녕과 질서를 해친 자들에게 연자 맷돌을 매어 바다에 빠뜨리는 사형제도가 있었다고 한다.

누가복음 17장 2절에서 '작은자 중 하나를 실족해 하면'하고 있는데 여기서 작은자는 문자 그대로 어린이들을 가리키는 것일 수도 있고, 제자들일 수도 있고, 복음이 전파된 가난한 사람들일 수도 있으나 누가복음 17장 2절에서 작은자는 초신자를 말한다. 좀더 확대하면 믿는 모든 성도를 말한다고 봐야 한다. 그런데 이렇게 믿는자를 실족하여 믿음을 포기하며 만드느니 차라리 연자 맷돌을 매고 죽는 편이 낫다고 했는데 이는 실제로 자살하라는 말이 아니라 믿는자를 결코 실족시키지 말라는 경고성 말인 것이다. 또한 계시록에서는 리모델링이 불가능한 영원한 멸망을 말하는 상징적인 행동을 말하고 있다.

관용어적으로 이 말이 누가복음에서는 믿는 자들을 결코 실족 시키지 말라는 경고성 말이었다면 계시록에서 이 말은 영원한 파멸을 말하는 말로 쓰이고 있다.

완전한 멸망을 맞이한 바벨론

계시록 18장 22절을 보면 "또 거문고 타는 자와 풍류하는 자와 통소 부는 자와 나팔 부는 자들의 소리가 결코 다시 네 안에서 들리지 아니하고 어떠한 세공업자든지 결코 다시 네 안에서 보이지 아니하고 또 맷돌 소리가 결코 다시 네 안에서 들리지 아니하고"하고 있는데 본 절과 다음절은 화려하고 번성했던 큰 성 바벨론이 완전히 멸망해 황폐해졌음을 관용어적으로 표현한 것이다.

"또 거문고 타는 자와 풍류하는 자와 통소 부는 자와 나팔 부는 자들의 소리가 결코 다시 네 가운데서 들리지 아니하고"하고 있는데 바벨론은 사치에 빠져 자주 연주회를 즐겼으며, 그 결과 연회를 위한 음악가들의 재능은 높이 평가되고, 음악가들은 귀한 대접을 받았다. 그러나 이제는 더 이상 음악소리를 들을 수 없게 되었다. 사치와 향락에 빠져 스스로를 하나님의 위치에 놓고 즐거워하던 바벨론은 하나님의 심판을 받아 더 이상 사치와 향락에 빠질 수도 교만해질 수도 없을 정도로 철저하게 파괴당했다.

"어떠한 세공 업자든지 결코 다시 네 가운데서 보이지 아니하고"하고 있는데 여기서 세공업자들은 일차적으로는 보석과 금속등을 가공하는 사람들을 가리키나 넓은 의미에서는 공장에서 생필품이나 기계들을 제작하는 모든 생산업자들을 가리킨다. 이러한 공장이 바벨론에서 보이지 않는 다는 것은 큰 성 바벨론의 생산라인이 완전히 붕괴된 것을 의미한다.

"맷돌 소리가 결코 다시 네 가운데서 들리지 아니하고"있는데 여기서 '맷돌 소리'는 식사와 연결된 일상생활을 나타내는 말로 이러한 '맷돌 소리'가 더이상 들리지 않는다는 사실은 하나님의 심판으로 인하여 바벨론의 모든 일상생활조차도 파괴되어 다시 찾아볼 수 없게 되었음을 시사하는 말이다.

관용어적으로 본 절은 바벨론이 재생 불 가능하게 완전히 멸망했음을 시사하는 말이다.

바벨론이 멸망 받은 이유

계시록 18장 23절을 보면 "등불 빛이 결코 다시 네 안에서 비치지 아니하고 신랑과 신부의 음성이 결코 다시 네 안에서 들리지 아니하리로다 너의 상인들은 땅의 왕족들이라 네 복술로 말미암아 만국이 미혹되었도다"하며 본 절도 역시 바벨론의 영원한 멸망을 상징적으로 설명하고 있다.

'등불 빛이 결코 네 안에서 비치지 아니하고' 이는 바벨론이 완전히 멸망해 사람이 없게 됨으로 등잔불 빛조차 없게 되었다는 말이다.

"신랑신부의 음성이 결코 다시 네 안에서 들리지 아니하리로도다" 하고 있는데 신랑과 신부는 새로운 가정을 이루는 기본 단위이자 후손을 이어주는 기반이다. 그런데 이러한 신랑과 신부의 음성이 더 이상 들리지 않는 다는 말은 가정 공동체가 완전히 붕괴 되었다는 말로 이는 바벨론의 완전한 멸망을 말하는 말이다(렘16:9).

"너의 상인들은 땅의 왕족들이라 네 복술로 말미암아 만국이 미혹 되었도다"하고 있는데 22절과 23절의 전반절이 바벨론이 재생 불가 능하게 멸망한것에 대하여 설명하는 것이라면 본 절의 하반절은 바 벨론이 어떤 죄악으로 멸망했는지 다시 설명해 주는 것이다. 그 중에 첫째가 상인들의 죄악이고 두 번째가 복술이라는 우상 숭배가 만연 했기 때문이고, 셋째가 24절인 성도들을 무수히 순교하게 했기 때문 이라는 것이다.

'너의 상인들은 땅의 왕족들이라'하고 있는데 이는 바벨론의 첫 번 째 죄악으로 여기서 '땅의 왕족들'에 해당하는 헬라어는 '호이 메기스 타네스(메기스타네스=귀족들.고관들) 테스 게스(땅)'로 그 뜻은 '땅의 권력자들'이라는 말로 바벨론은 돈만 있으면 왕족이 아닌데도 왕족을 사서 왕족이 될수 있을 정도로 타락했다는 것이다. 다시 말해 바벨론 은 부자가 곧 왕이 되는 나라였다. 이를 현대식으로 말하면 물질 우상 인 맘몬주에 빠졌다는 말이다. 그래서 그들은 돈이 되는 일이라면 인 신매매와 청부살인도 꺼리지 않고 돈을 벌어 귀족이 되었다는 말이 다. 그래서 본장 12~14절의 상인들의 품목에 종들과 사람의 영혼까 지 거래 했다고 나오는 것이다. 이런 죄악을 저질렀기에 바벨론은 멸 망을 받을 수밖에 없었다는 말이다.

'네 복술(활마케이아=약물.마법)을 인하여 만국이 미혹되었도다' 하고 있는데 이는 바벨론의 두 번째 죄악으로 여기서 복술은 화살점 치는 행위만(겔 21:21) 말하는 것이 아니라 각종 속임수와 사단의 힘을 빌어 마술을 행해 전 세계 사람들을 미혹해 우상 숭배의 길로 인도 했다는 말이다(계 13:12~14). 그러므로 이렇게 바벨론이 전 세계 사람들을 우상 숭배의 길로 인도 했으니 바벨론은 멸망을 받을 수밖에 없었던 것이다(렘 27:9).

관용어적으로 바벨론이 멸망 받을 수밖에 없었던 세 가지 이유 중 두 가지는 첫째로 맘몬주의에 빠져 사람의 목숨까지 거래했기 때문이고 둘째로 마법으로 사람을 미혹해 우상 숭배하게 했기 때문이다.

바벨론이 멸망한 세 번째 이유

계시록 18장 24절을 보면 "선지자들과 성도들과 및 땅 위에서 죽임을 당한 모든 자의 피가 그 성 중에서 발견되었느니라 하더라"하고 있는데 바벨론이 하나님의 심판을 받아 멸망한 세 번째 원인이다. 바벨론은 하나님의 일꾼(선지자)들과 성도들을 무수히 핍박하고 살해함으로써 하나님의 일꾼들과 성도들의 신원하는 소리를 들으신 하나님이 심판을 바벨론에게 행해져서 바벨론이 멸망했다는 것이다.

'선지자들과 성도들과 및 땅 위에서 죽임을 당한'하고 이는데 여기서 선지자는 구약 일꾼들을 말하고, 성도들은 신약 성도들을 말하는데 바벨론 음녀는 신구약 성도들을 무참하게 순교하게 했다.

'모든 자의 피'할때 모든자는 선지자들과 성도들 모두를 의미하는 말이다.

"성 중에서 발견 되었느니라"하고 있는데 이는 신구약 성도들 모두가 바벨론에 의해 수도 없이 많이 순교를 당해 그 성에서 순교의 피가 발견되었다는 말이다.

관용어적으로 바벨론이 멸망한 세 번째 이유는 신구약 성도들을 죽게 해 그들의 순교의 피를 흘리게 했기 때문이다. 그러나 하나님께서 성도들의 기도를 들으시고 신원해 주셨기 때문에 바벨론이 멸망한 것이다.

하존 요한계시록 5

제 2 강

계시록 19 장

|계 19 장

바벨론 멸망 후 지상 재림을 준비 중

계시록 19장 1절을 보면 "이 일 후에 내가 들으니 하늘에 허다한 무리의 큰 음성 같은 것이 있어 이르되 할렐루야 구원과 영광과 능력이 우리 하나님께 있도다"하고 있는데 계14장이 공중 재림이 있은 후 공중 재림에 참여한 성도들이 공중에서 찬양하는 동안 지상에 남겨진 사람들에게는 어떤 사건들이 있었는지를 기록한 것이라면 본장 1~10절은 바벨론 멸망이 있은 후 공중 혼인잔치에 참여하고 있는 성도들과 예수님이 지장 혼인 잔치(지상 재림)를 준비하는 과정이 기록되어있다. 또한 본장1~10절과 계14:1~8절은 같은 시기인 바벨론 멸망의 시점 이고, 또한 본장1~6절은 계14:1~3절의 해석 장으로 공중 잔치에 참여한 성도들이 천사들이 부른 찬양을 배워서 찬양에 동참했는데 그때 배운 찬양의 가사 내용이 계14장에서는 나오지 않았지만 본장에는 나온다.

"이 일후에(메타 타우타)"하고 있는데 이 말이 나오면 제가 앞에서 여러번 언급 했듯이 오버랩 기법으로 이는 앞의 한 부분을 집중 조명하겠다는 말이다. 그 부분이 바로 계시록 14장 8절과 계시록 18장 2~3절 이후인 바벨론 멸망 후를 말하고 있다.

"하늘에서"하고 있는데 여기서 하늘은 보좌가 있는 하늘이 아닌 공중잔치인 시온산(계 14;1)을 말하고 있다.

"허다한 무리의 큰 음성 같은 것이 있어"하고 있는데 이 말의 헬라어는 '프호넨(소리) 오클루(무리,사람) 폴루(양이 많은) 메갈렌(큰) 엔(안) 토 우라노(하늘)'로 '하늘에 큰 많은 무리의 소리'라는 말로 '오클루'가 사람으로 해석도 되지만 무리로도 해석이 됨으로 이는 많은 군중이 있다는 말로 이는 예수님을 포함해서 사람과 천사들이 같이 있는 큰 무리를 말한다. 이 무리들은 계시록 7장 9절과 계시록 14장 1절의 무리를 말하는 말이다. 그러므로 이들은 공중혼인 잔치에 참여한 군중들인 것이다.

"큰 음성 같은 것이 있어 이르되 할렐루야"하고 있는데 여기서 큰 음성은 이 시온산(계 14:1)에 있는 군중들의 찬양소리를 말한다. 그런데 이렇게 공중 혼인잔치에 참여한 성도들이 찬양을 부르는데 그 찬양이 바로 할렐루야 찬양이다. 이 할렐루야라는 말이 6절까지 4번에 걸쳐 나오는데 할렐루야라는 말은 성령 받은 성도들의 인사이다. 이 '할렐루야'에 해당하는 헬라어는 '할렐루이아'로 이는 히브리어 '할렐루야'를 음역한 것으로 '여호와를 찬양하라'는 의미이다(시 111:1 ; 112:1 ; 113:1).이것은 전형적인 히브리어 어구로 초대 교회의 예배가 유대교의 회당과 성전 예배때 사용했던 찬양이다. 이 할렐루야 찬양은 하나님의 이름을 찬양하는 찬양으로 이는 최후 승리자들만 부르는 찬양이다. 그러므로 이들이 이 찬양을 부르고 있다는 것은 지상 재림이 멀지 않음을 암시하는 동시에 계시록에서 찬양이 나오면 언제나 대 폭풍을 예고하기에 이는 아마겟돈 전쟁을 예고하기도 하는 것이다.

"구원과 영광과 능력이 우리 하나님께 있도다"하고 있는데 이는 계시록 14장 1~3절을 보면 144.000명 외엔 천사들의 찬양을 배울자가 없다고 하며 144.000명만 찬양을 배웠다고 하는데 본 절은 그 천사들로부터 배워 불렀던 찬양의 가사 내용중 일부분이다. 여기서 구원은 소테리아로 되어 있는데 이는 우리를 위경에서 건지심과 동시에 영혼을 구원한 것을 말하는 말이다.

관용어적으로 본 절의 허다한 무리는 계시록 7장 9절과 계시록 14장 1절의 공중 혼인 잔치에 참여한 모든 성도들이며 찬양은 그들이 부른 새노래이다.

계19:1~9절의 시점이 나온다.

계시록 19장 2절을 보면 "그의 심판은 참되고 의로운 자라 음행으로 땅을 더럽게 한 큰 음녀를 심판하사 자기 종들의 피를 그 음녀의 손에 갚으셨도다 하고" 있음으로 이 말을 통해 우리가 알 수 있는 것은 계시록 19장 1~9절의 찬양이 바벨론 멸망 시점에서 불러진 찬양이라는 것을 알 수 있다. 다시 말해 본 절 2절과 계 14:8절과 계 18:2~3절은 같은 시점이라는 말이다. 왜냐하면 '음녀를 심판하사'하며 음녀가 심판 받자마자 부른 찬양이라고 본 절에 나오기 때문이다.

"그의 심판은"하고 있는데 여기서 '그의'는 헬라어로 3인칭대명사.단수.여성.여격인 '아우테'로 되어 있기에 음녀를 말하고 있다.

'참되고'는 헬라어로 '알레디노스'로 이는 진실되다라는 말로 이는 말씀대로 행하셨다는 말이다. 즉 하나님께서 법인 말씀에 근거해서 눈은 눈으로 이는 이로 갚으셨다는 말이다. 그러므로 주님의 행위는 참된 것이다.

"의로운 지라" 이는 헬라어로 '디카이오스'라는 말로 공정(공평.공의)하게 행했다는 말로 이렇게 하나님이 음녀를 심판 하실 때 감정으로 심판하신 것이 아니라 심은대로 거두는 공의로 심판하셨다는 말이다.

"음행으로(폴네이아)" 여기서 음행은 매음과 우상 숭배를 말하는 것으로 이슬람의 결혼제도와 이슬람 종교를 말한다.

"큰 음녀를(폴네) 심판하사"하고 있는데 이 말의 헬라어는 '텐 폴넨 텐 메갈렌'으로 큰 음녀를 말하는데 여기서 큰 음녀는 바벨론을 타락 시키고 세상 모든 사람을 타락시킨 장본인을 말하는데 현재에 와서는 이슬람교를 말한다. 그런데 본 절의 '큰 음녀를 심판'한 것을 계 17:1절은 바벨론 심판을 말하고 있고, 계 17:16절과 계 18:8절에서는 바벨론인 음녀의 죽음으로 말하고 있다. 그러므로 여기서 큰 음녀는 바로 바벨론를 말하고 있는 것이다.

"자기 종들의(둘로스) 피를 그 음녀의 손에 갚으셨도다(엑세디케센=에크디케오=보복하다)"하고 있는데 이는 음녀의 멸망은 하나님의 종들을 순교하게 한 그 댓가를 신원하시는 하나님께서 눈은 눈 이로 갚으신 결과라는 것이다.

관용어적으로 본 절을 통해 계19:1~9절 말씀이 음녀인 바벨론 멸망 직후 공중혼인 잔치자리에서 하는 찬양임을 알 수 있게 된다.

두 번째 할렐루야 찬양

계시록 19장 3절을 보면 "두 번째로 할렐루야 하니 그 연기가 세세토록 올라가더라"하고 있는데 이는 1절에 이어 공중혼인 잔치에 참여한 성도들의 두 번째 할렐루야 찬양을 하고 있는데 이를 공동번역으로 보면 이렇게 되어있다. "그들은 다시 할렐루야 그 여자를 태우는 불의 연기가 영원무궁토록 올라 간다하고 외쳤습니다"

이를 헬라어 원문으로 보면 "카이 뒤데론(두번) 에이레칸(말하다),

할렐루야. 카이(상황을 이끄는 카이이다) 호 카프노스(연기) 아우테스(그) 아나바이네이(올라가다)   에이스(~에.장소) 투스 아이오나스(영원) 톤   아이온온(영원)"로 해석하면 "두 번째 할렐루야하고 말했다. 그리고 그 연기가 영원하고 영원한 장소로 올라갔다"로 되어있다.

그런데 여기서 두 번째 할렐루야를 하니 그 연기가 세세토록 올라가더라 하고 있는데 이 연기가 과연 어떤 연기냐는 것이다. 왜냐하면 이 연기가 세세토록 올라간다는 말이 2절인 음녀의 영원한 저주를 수식하는 연기라면 이 연기는 영원한 형벌인 지옥불에 음녀가 고통당하는 것을 말하지만 이 연기가 할렐루야를 수식하는 것이라면 이 연기는 영원히 하나님을 찬양하는 것을 말하기 때문이다.

일반적으로는 음녀가 받을 고통을 상징하는 것으로 해석하지만 그러나 '하니'라는 말에 내포되어 있는 헬라어 '카이'가 히브리 어법상 상황을 이끄는 절이기에 이 연기는 할렐루야를 수식하는 영원히 하나님을 찬양하는 것을 말하는 말이다. 그러므로 정확히 해석하면 여기서 연기는 할렐루야를 수식해 영원히 하나님을 찬양하는 것이 맞다. 그러나 이렇게 해석하든 저렇게 해석하든 별문제는 되지 않는다. 왜냐하면 이 연기가 음녀의 영원한 저주를 말한다고 해도 그렇게 하신 하나님을 찬양하는 말이 되고 또한 할렐루야를 수식한다고 해도 역시 음녀를 심판하신 하나님을 영원히 찬양하는 말이 되기 때문이다.

관용어적으로 할렐루야는 하나님을 찬양하는 용어이다.

세 번째 할렐루야 찬양

계시록 19장 4절을 보면 "또 이십사 장로와 네 생물이 엎드려 보좌에 앉으신 하나님께 경배하여 이르되 아멘 할렐루야 하니"하고 있는데 여기서 24장로와 네 생물은 저의 책 계4:4~7절을 참고해 주길 바라고 아멘은 계3:14절 저의 책을 참고하길 바란다.

"할렐루야" 세 번째 할렐루야 찬양인데 이는 이십사 장로와 네 생물들 역시 음녀 바벨론 멸망을 보고 보좌에 앉으신 하나님께 찬양하고 있다.

관용어적으로 세 번째 할렐루야는 24장로와 네 생물이 찬양하는 것이다.

보좌에서 나온 음성은

계시록 19장 5절을 보면 "보좌에서 음성이 나서 이르시되 하나님의 종들 곧 그를 경외하는 너희들아 작은 자나 큰 자나 다 우리 하나님께 찬송하라 하더라"하며 보좌에서 음성이 났다고 하는데 '보좌 에서 난 음성'은 '보좌'로 인해서 하나님의 음성이나 어린양의 음성으로 이해될 수 있으나 사실상 그 음성은 하나님의 음성이나 어린양의 음성을 의미할 수 없다. 왜냐하면 하나님의 음성으로 본다면 '우리 하나님께'라는 표현이 전혀 어울리지 않으며 어린양의 음성으로 볼 경우 역시 '우리 하나님'이라는 표현보다는 '나의 하나님'이라는 표현을 사용하는 것이 더 타당하기 때문이다(요 3:12 ; 요 20:17).

그래서 혹자는 이 음성이 보좌 가까이에 있는 장로들이나 네 생물의 음성이라고 주장하기도 하고 또 다른 혹자는 천사의 음성이라고 주장하기도 하는데 보좌에서 소리가 났다고 함으로 보좌는 하나님의 보좌와 24장로의 보좌 밖에 없기에 하나님 아니면 24장로의 음성인데(계 4:4) 하나님의 음성이 아니므로 본 절의 음성은 24장로의 음성인 것이다. 24장로에 대하여 자세히 알고 싶으시면 저의 책 계4:4절을 참고하길 바란다.

"하나님의 종들 곧 그를 경외하는 너희들아"하고 있는데 여기서 하나님의 종들만 나오면 선지자나 사도들을 말하지만 곧(오버랩기법) 하며 경외하는 너희들아 하고 나옴으로 이는 모든 성도를 일컫는 말이다. 또한 "너희들아"라는 말을 공동번역에서는 사람으로 해석하기에 이 사람들은 공중혼인 잔치에 참여한 허다한 무리를 말하고 있는 것이다.

무론 대소하고 다 우리 하나님께 찬송하라"하고 있는데 이 말의 헬라어는 '호이 미크로이(작다) 카이 호이 메갈로이(크다)'로 그 뜻은 '큰 자가 작은자나'라는 말로 공중 재림에 참여한 모든 성도들에게 하는 말이다(본장 6절을 참고하라).

관용어적으로 본 절의 보좌에서 나온 음성은 24장로의 보좌에서 나온 음성이다.

네 번째 할렐루야 찬양

계시록 19장 6절을 보면 "또 내가 들으니 허다한 무리의 음성과도 같고 많은 물 소리와도 같고 큰 우렛소리와도 같은 소리로 이르되 할렐루야 주 우리 하나님 곧 전능하신 이가 통치하시도다"하고 있는데 5절에서 24장로의 보좌에서 장로가 하나님을 찬양하라 하자 6절 성도들이 찬양을 하고 있다. 그런데 여기서 보면 '허다한 무리'가 나오는데 이 허다한 무리는 1절의 허다한 무리로 이들은 공중혼인 잔치에 참여한 자들이다. 그러므로 이를 통해 우리가 알 수 있는 것은 5절의 성도들이 6절의 허다한 무리라는 것을 알 수 있는 것이고, 5절의 무리들이 곧 공중혼인잔치에 참여한 자들이라는 것을 알 수 있는 것이다.

"많은 물 소리와도 같고 큰 우렛소리와도 같은"하며 "같은"이라는 은유법이 들어감으로 이는 물소리나 우렛소리가 단순히 물 소리나 우렛소리가 아니라는 뜻이다. 다만 그렇게 허다한 무리의 찬양소리가 우렁차고 청아하기에 많은 물 소리와 큰 우렛소리로 표현한 것이라는 말이다. 그런데 본 절의 이 말이 계시록 14장 2절을 보면 "많은 물 소리와도 같고 큰 우렛소리 같은"하며 동일한 말로 나오고 있다. 이렇게 동일한 말이 나오고 있다는 뜻은 본 절과 계시록 14장 2절의 무리가 동일한 무리라는 뜻이다. 그러므로 계시록 14장 2절의 무리들이 공중혼인 잔치에 참여한 무리 임으로 본 절의 무리 역시 공중 혼인 잔치에 참여한 계시록 14장 2절의 사람들이라는 뜻이다.

"할렐루야"하고 있는데 이는 네 번째 할렐루야 찬양으로 공중 재림에 참여한 성도들의 찬양이다.

"전능하신이가"하고 있는데 여기서 '전능하신'이라는 말은 신약 성경에서 본서 외에서는 단 한번 밖에 나타나지 않으나(고후 6:18) 본서에서는 자주 나타나는 하나님의 칭호이다(계1:8 ; 4:8 ; 11:17 ; 15:3 ; 16:7 ; 21:22). 이 칭호는 요한 당시 도미티안 황제가 자신을 '우리 주 하나님'이라고 부른 것과 상관성을 갖고 있다. 즉 요한은 '전능하신 이'라는 칭호를 다른 어떤 신약 성경보다 많이 사용함으로 도미티안이 아닌 오직 하나님만이 유일하시고 모든 능력을 소유하신분임을 강조하고 있는 것이다.

"통치하시도다"하고 있는데 이에 해당하는 헬라어 '에바실류센'은 행위의 시작을 강조하는 부정 과거 시상으로 문자적으로 '하나님께서 이미 통치하시기 시작하셨음'을 나타낸다. 그런데 이렇게 요한이 부정 과거 시상을 사용한 것은 이들이 이미 공중혼인 잔치에 참여했기에 온전히 하나님의 통치를 현재 받고 있기에 부정 과거 시재로 사용하고 있는 것이다. 여기서 부정과거 시제란 과거에 딱 한번 이루어진 것을 말하는 말이다. 즉 계시록 14장 1절에서 이미 공중 재림이 이루어져 통치가 이미 시작되었기에 부정과거 시제를 쓴 것이다.

관용어적으로 본 절의 허다한 무리는 1절의 허다한 무리를 말하는 말로 이들은 이미 공중혼인 잔치에 참여한 자들이다.

님프헤가 아닌 귀네가 지상 재림에 참여함

계시록 19장 7절 "우리가 즐거워하고 크게 기뻐하며 그에게 영광을 돌리세 어린 양의 혼인 기약이 이르렀고 그의 아내가 자신을 준비하였으므로"라고 하였다.

"우리가 즐거워하고 크게 기뻐하여 그에게 영광을 돌리세"하고 있는데 여기서 '즐거워하고 크게 기뻐하여'의 헬라어 '카이로멘(카이로=환영.축복) 카이 아갈리오멘(아갈리아오=매우 기뻐하다)'은 본 절 외에 신약성경에서 단 한번 나온다(마 5:12). 마태복음에서 이 표현은 그리스도로 인해서 핍박을 당하고 욕을 당하는 자들에게 주어질 큰 상과 연결되어 나타난다. 그들에게 주어질 큰 상은 바로 어린양의 혼인 잔치에의 참여이다. 그런데 이렇게 공중 혼인 잔치에 참여한 자들이 즐거워하고 매우 기뻐하고 하나님께 영광 돌릴 이유는 지상 재림인 지상 혼인 잔치가 얼마 남지 않았기 때문이다.

'어린양의(알니우) 혼인 기약이(가모스=결혼식) 이르렀고'하고 있는데 혼인에 대한 비유는 성경에서 자주 등장한다. 유대인들의 결혼

풍습을 보면 남녀가 약혼을 하고 일정한 시간을 보내고 나서야 혼인 예식을 거행 하는데 약혼 상태는 곧 법적으로 결혼과 같은 효력을 발생한다. 그러므로 약혼이 공중 재림이고 결혼은 지상 재림인 것이다. 지금은 결혼이기에 지상 재림을 준비하는 것이다. 그런데 이 말의 헬라어는 '호 가모스(결혼) 투 알니우'로 이는 어린양의 결혼식을 말한다. 다시 말해 예수님이 결혼 하신다는 말이다.

"아내가 자신을 준비하였으므로" 여기서 '아내'라는 말의 헬라어는 '헤 귀네'로 그 뜻은 '그 부인'이라는 말로 신부인 '뉨페(신부)'를 사용하지 않고 '귀네'를 사용하고 있다. 아내와 신부의 차이는 아내는(귀네) 결혼한 유부녀를 말하고, 신부(뉨프헤)는 새 섹시인 허니문을 말한다. 그런데 본 절에서는 신부인 '뉨프헤'가 아닌 '귀네'로 말하고 있다. 주석가들은 신부인 '뉨프헤'를 써야 맞는데 '아내'라는 말을 사용했기에 아주 부자연스럽다고 난해한 말이라고 한다. 그런데 사실은 아주 적절하게 표현이다. 왜냐하면 성도들이 아내인 이유는 공중 재림에 참여한 후 바벨론 멸망시까지 약간의 시간이 흘렀기에 그 동안에 신부가 아내가 된 것이다. 그러므로 지상 재림 할때는 공중 혼신잔치(약혼)에 참여한지 약 3년반 이라는 시간이 흘렀기에 이들은 신부가 아닌 아내가 되어 지상 재림에 참여하게 되는 것이다. 또한 계시록 20장 4~6절을 보면 후 삼년반에 순교했던 자들이 주님이 지상 재림 할때 부활하게 되는데 이들 또한 주님의 아내가 되어 천년왕국에 왕노릇 하게된다. 그러므로 지생재림에는 두 아내들이 참여하게 하는데 한 아내들은 공중혼인 잔치에 참여했던 자들이고, 나머지 한 아내들은 후 삼년반에 순교했다가 첫째부활에 참여한 자들인 것이다. 그러므로 아내가 자신을 준비되었다는 말은 두 아내들을 두고 하는 말인 것이다.

관용어적으로 넘프헤가 아닌 귀네가 지상 재림에 참여하는 이유는 공중혼인 잔치가 약혼식이고 지상 재림이 혼인식이기에 공중 혼인 잔치때 신부였던 성도들이 지상 재림시에는 아내가 되어 지상 재림에 참여하기 때문이다.

옳은 행실을 해서 세마포를 입은 자들

계시록 19장 8절을 보면 "그에게 빛나고 깨끗한 세마포 옷을 입도록 허락하셨으니 이 세마포 옷은 성도들의 옳은 행실이로다 하더라" 하고 있는데 여기서 '빛나고 깨끗한 세마포'는 음녀의 복장 즉 '금과 보석과 진주로 치장한 자주 빛과 붉은 빛 옷'과 대조를 이루는 겸손한 옷이다(계 17:4 ; 18:16). 여기서 '빛나고'에 해당하는 헬라어 '람프론'은 영광과 광채를 묘사하며(마 13:43) '깨끗한'의 헬라어 '카다론'은 정결과 충성 그리고 신실함을 나타낸다(계 21:18,21). 어린양의 아내인 하나님의 백성들이 입는 이 세마포는 오직 남편 되신 어린양의 피로 정결케 된 옷이다(계 7:14).

"세마포 옷을 입도록 허락하셨으니"하고 있는데 여기서 세마포는 고운 삼으로 짠 옷감으로 희고 빛이 나 고급 의복을 만드는 재료로 쓰였다. 본서에서 세마포는 24장로와(계 4:4) 천사들과(계 16:6) 하늘의 군대들이 입고 있는 것으로 나타난다(14절). 즉 이 옷은 의롭고 정결한 하늘 시민들만이 입는 옷을 상징한다. 따라서 어린양의 신부인 성도들이 이 옷을 입는다는 것은 성도들이 완전한 하늘의 시민이 되었음을 의미하는 말이다.

그런데 본 절을 보면 이 세마포를 지금 입도록 허락하신 것으로 나온다. 그런데 허락하셨으니에 해당하는 헬라어 '에도데'는 현재형이 아닌 과거 수동태로 되어있다. 그래서 다른 번역 성경인 현대인 성경과 공동번역 성경과 현대어성경에서는 "모시 옷을 입었구나"하며 완료시재로 되어있다. 이는 본장 7절과 연결해서 볼 때 신부가 아닌 아내이기에 완료시재로 되어 있는 것이다. 이는 이미 본장1~10절의 군중들이 공중 재림에 참여한 자들이며, 이들은 이미 계시록 6장 11절에서 세마포인 흰 두루마리를 받았기 때문이다. 그래서 이미 입고 있는 것으로 묘사하고 있는 것이다. 즉 "세마포 옷을 입도록 허락하셨으니"라는 말이 과거 수동태이기에 이는 지금 현재 입는 것이 아니라 과거에 이미 입고 있었다는 말이다. 즉 이는 과거에 이미 공중혼인 잔치가 있었다는 말로 그때 이미 이 세마포 옷을 입었다는 뜻이다.

한편 '옳은 행실'에 해당하는 헬라어 '디카이오마타'는 문자적으로 '법령' 혹은 '옳은 행동'을 의미하는 복수이다. 이렇게 옳은 행실이라는 말이 복수인 이유는 이 옳은 행실에 칭의가 들어가고, 또한 주님을 사랑해야 하는 계시록 14장 4~5절을 말하기 때문이다. 이렇게 이 아내들은 계시록 14장 4~5절에 해당하는 자들로 이미 공중 재림에 참여한 자들이다. 왜냐하면 세마포 옷을 지금 입은 것이 아니라 이미 입고 있었기 때문이다. 여기서 옳은 행실이란 구원은 공짜지만 공중 재림에 참여하는 것은 공로가 있어야 하기에 옳은 행실이 따라야 하는 것이다.(계 14:4~5절을 참고하라)

관용어적으로 본 절의 옳은 행실로 세마포 옷을 입은 자들은 계시록 14장 4~5절의 성도들을 말한다.

청함을 받은 자들이 복이 있다.

계시록 19장 9절을 보면 "천사가 내게 말하기를 기록하라 어린 양의 혼인 잔치에 청함을 받은 자들은 복이 있도다 하고 또 내게 말하되 이것은 하나님의 참되신 말씀이라 하기로"하고 있는데 여기서 천사는 계시록 18장 1절의 미가엘 천사를 말한다.

"어린양의 혼인잔치"하고 있는데 여기서 혼인 잔치는 마태복음 1장 18절에서 말하는 정혼(약혼=므네스튜오)인 공중혼인 잔치를 말하는 것이 아니라 결혼인 지상 혼인잔치(결혼=가모스)를 말하는 말이다.

'청함을 받는 자들은 복이 있도다'하고 있는데 여기서 "청함을 받은 자들"의 헬라어는 '케클레레노니'인데 이는 '부르다'라는 뜻을 가진 '칼레오'의 완료 수동태로 이미 들러리들이 준비 완료 되었다는 말로 이는 곧 지상 재림이 얼마 남지 않음을 말해 주고 있다. 그런데 이 말씀을 자세히 보면 결혼식의 주인공인 신랑과 신부가 복이 있는 것이 아니라 청함 받은 손님들이 복이 있다고 하고 있다. 다시 말해 이 말은 신랑(예수) 신부의(공중혼인 잔치에 참여한 성도) 결혼식에 들러리 들인 초청 받은 친구나 친척이나 이웃이 복이 있다고 말하고 있는 것이다. 그렇다면 왜 신랑과 신부(아내)가 복이 있는 것이 아니라 들러리들이 복이 있다고 하는 것일까 그 이유는 신랑인 예수님과 아내들은(신부) 이미 공중혼인 잔치에 참여했기에 이미 복을 받은 자들이다. 그러나 들러리 들은 공중혼인 잔치에 참여하지 못하고 이 땅 에서 후 삼년반의 모진 환난을 다 이겨내고 지상에서 주님을 맞이한 상태에서 육체를 가지고 천년왕국에 들어가기에 복이 있는 것이다. 다시 말해 늦은 비의 추수의 대상이 되어 주님과 함께 천년왕국에 들어가기에 복이 있는 것이다. 그리고 또한 계시록 20장 4~6절의 후 삼년반에 순교했던 자들은 주님이 지상 재림 하실때 부활해 아내가 되기에 청함을 받은 본 절의 들러리는 될수 없는 것이다.

"이것은 하나님의 참되신 말씀이라"하고 있는데 여기서 참되신이라는 말은 '알레디노이'로 '진실한.참된'이란 뜻을 가지고 있는데 이는 이 말씀은 틀림없이 이루어질 것이라는 말씀이다.

여기서 지상 재림은 새들의 잔치가 끝난 후 백마가 땅을 닺는 순간을 지상 재림이라 하고 말에서 내려 땅을 밟는 순간을 혼인잔치라하고 이때 부터 천년왕국이 시작된다.

관용어적으로 본 절은 신랑 신부가 주인공이 아닌 청함을 받은 들러리 들인 친구,친척,이웃,지인들인 후 삼년반을 통과한 남겨진 성도들이 주인공이다. 왜냐하면 육체를 가지고 지상 재림에 참여한 후 천년왕국에 들어가기 때문이다.

증인이 되려면

계시록 19장 10절을 보면 "내가 그 발 앞에 엎드려 경배하려 하니 그가 나에게 말하기를 나는 너와 및 예수의 증언을 받은 네 형제들과 같이 된 종이니 삼가 그리하지 말고 오직 하나님께 경배하라 예수의 증언은 예언의 영이라 하더라"하며 요한이 천사를 숭배하려 했는데 이는 본 절 뿐만 아니라 계시록 22장 8~9절에서도 나타나고 있다.

"내가 그 발 앞에 엎드려 경배하려 하니"하고 있는데 초대교회 때 천사 숭배 사상이 만연해 요한도 미가엘 천사를 숭배하려 했다(골 2:18). 또한 이렇게 상대방 앞에 절하는 행위는 고대 근동에 있어서 상대방에 대한 존경의 표시로 흔히 행해지던 의례적인 모습이었다(창 19:1 ; 창24:25 ; 창42:6 ; 창 48:12 ; 행 10:25~26 ; 행 14:13~15 ; 단 2:46). 또한 유대인들이 천사를 숭배했던 이유중 하나는 당시 유대인들은 거룩하신 하나님께 죄인 된 인간이 그 앞에 나가면 죽는 것으로 생각해 중보자가 필요했는데 그 중보자를 천사로 보았기 때문이었다(출 33:20). 이 부분은 저의 책 계시록 22장 8절을 참고해 주길 바란다.

'예수의 증언을 받은'하고 있는데 이 말의 헬라어는 '에콘톤(에코=소유) 텐 말튀리안(증인) 투 이에수'로 그 뜻은 '예수의 증거를 소유했다'라는 소유격으로 이는 제자들과 성도들과 같이 복음을 소유한 증인이라는 말이다.

'종이니 삼가 그리하지 말고'하고 있는데 본 절과 같은 정상적인 천사는 사람에게 경배를 받지 않는다. 그러나 잘못된 천사는 경배 받기를 좋아한다(마 4:9~10). 그러므로 성도 중에도 높임 받기를 좋아하는 사람은 마귀의 영을 받은 것이지만 섬기는 성도는 하나님의 영을 받은 성도인 것이다.

"예수의 증언은 예언의 영이라 하더라"하고 있는데 이 말의 헬라어는 '헤 가르(이유.인 까닭에) 말튀리아(증거.증명) 투 이에수(예수) 에스틴(그는 –이다) 토 프뉴마(영) 테스 프롭헤테이아스(예언)'로 그 뜻은 '예수님에 대한 증거는 그것은 예언의 영이다'라는 말로 여기서 프뉴마는 독단적으로 쓸때는 성령을 의미하기에 이 말을 바로 해석하면 '예수님에 대한 증거는 성령을 통해서만 예언이(증거) 된다' 다시 말해 예수님은 성령에 의해서만 증거 되는데 천사 자신은 바로 이렇게 요한과 같이 성령으로 예수를 증거 하는 종에 지나지 않으니 나를 경배하지 말라는 것이다. 또한 프리셉트 성경에서도 '예언의 영'을 '

성령'으로 해석하고 있다. 예수는 사람에게 증거를 취하지 않기에 사도행전 1장 4절을 보면 성령을 받고 증거하라 하셨고, 사도행전 1장 8절 성령이 임하면 그 일을 하라고 하고 있는 것이다.

관용어적으로 예수님의 증인이 되려면 성령을 받지 않으면 안된다.

아마겟돈 전쟁의 시작과 백마강림(지상 재림)

계시록 19장 11절을 보면 "또 내가 하늘이 열린 것을 보니 보라 백마와 그것을 탄 자가 있으니 그 이름은 충신과 진실이라 그가 공의로 심판하며 싸우더라"하고 있는데 본장 1~10절의 시점이 바벨론 멸망이 포커스라면 11~16절의 시점은 아마겟돈 전쟁과 백마강림인 지상 재림에 그 포커스가 맞추어 지고 있다.

"내가 하늘이 열린 것을 보니"하고 이는데 이는 환상 전환 관용어로 지금 부터는 아마겟돈 전쟁과 지상 재림을 다룬다는 말이다.

"백마와 그것을 탄자가 있이니"하고 있는데 백마인 흰말은 정복자와 승리자를 상징하며, 전쟁에 쓰이는 도구임으로 예수님이 백마를 탔다는 것은 곧 있을 아마겟돈 전쟁을 예고하고 있는 것이다. 그런데 계시록 6장 2절을 보면 마귀로부터 보냄을 받은 적그리스도를 '흰말 탄자'로 언급하고 있는데 본 절은 백마로 표현하고 있다. 이렇게 같은 흰말이지만 백마와 흰말로 구별한 것은 적그리스도와 참 그리스도를 구별하기 위한 요한의 배려였다.

"그 이름은 충신과 진실이라" 하고 있는데 이 말의 헬라어는 '칼루메노스(칼레오=부르다) 피스토스(믿는,신뢰.신실한자) 카이 알레디노스(진정한,진실.참된)'로 그 뜻은 '신뢰할 만하고 진실한 분으로 불러진다'라는 말로 예수님은 우리의 진리가 되시고, 우리의 믿음의 대상이 되시는 분이시라는 뜻이다.

'그가 공의로 심판하며 싸우더라' 하고 있는데 이 말의 헬라어는 '카이 엔 디카이오쉰(공정.칭의) 크리네이(크리노=심판) 카이 폴레메이(플레메오=싸움하다)'로 그 뜻은 '공의 안에서 심판하시고 싸우신다'라는 말로 '크리네이 카이 폴레메이' 모두 현재 시상으로 현재 싸우신다는 말로 이는 지금 지상 재림을 하시면서 아마겟돈 전쟁이 시작되었다는 말이다. 그리고 이 아마겟돈 전쟁이 공의로 악인들을 심판하시는 행위라는 말이다. 다시 말해 지금 아마겟돈에 참여한 악한 무리들을 아마겟돈 전쟁을 통해 죽이고 있는데 이것이 지금 심판을 행사하는 중이라는 것이다.

그런데 여기서 예수님이 공의로 심판하신다고 하고 있는데 이는 예수님이 불신자들을 아마겟돈 전쟁으로 지금 심판을 행사하고 계시는 중인데 이는 감정에 의해 심판을 행사하는 것이 아니라 말씀에 근거해서 지금 심판을 진행 중이라는 말이다. 여기서 심판은 최후의 심판을 말하는 것이 아니라 아마겟돈 전쟁 중 악인들을 죽이는 행위를 말한다.

에녹서 2권을 보면 이 책에서는 세상이 6일 동안 창조 되었으므로, 이 세상의 역사는 6천년 또는 6백만년이 지나면 끝난다고 말하고 있고, 그 뒤 1천년 동안 지상 재림과 같은 일이 일어나고, 그 다음에는 시간이 존재하지 않는 곳이 시작됨을 제8일로 표현하고 있다. 즉 제7일의 안식년을 천년왕국으로 보고 월요일인 8일은 영원한 세계를 의미하고 있다. 또한 지구역사를 에녹은 6백만년으로 보고 있다.

관용어적으로 예수님이 백마 타고 오신 이유는 아마겟돈 전쟁을 위해 백마를 타고 오신 것이고, 지금 아마겟돈 전쟁이 시작되었다.

지상 재림 하시는 예수님의 모습

계시록 19장 12절을 보면 "그 눈은 불꽃 같고 그 머리에는 많은 관들이 있고 또 이름 쓴 것 하나가 있으니 자기밖에 아는 자가 없고" 하고 있는데 이는 계시록 1장 12~16절의 예수님의 외모를 다시 표현하고 있다.

"눈이 불꽃 같고"하고 있는데 이는 예수님의 눈은 인간의 마음까지 꿰뚫어 보시는 직관적 통찰력을 말하는데 이는 계시록 1장 14절에서 묘사된 주님의 모습과 동일한 모습으로 헬라어적으로 표현하면

'오이다(꿰뚫어 보심)'이다. 이는 주님이 지상 재림하며 아마겟돈 전쟁을 치르시는데 아군과 적군을 구별하지 못해 아군을 죽이는 실수가 없고 오직 666표를 받은 자들만 심판하시고 계시다는 말이다.

"많은 관들이고 있고"하고 있는데 계시록 13장 1절을 보면 '바다에서 한 짐승이 나오는데 뿔이 열이요 머리가 일곱이라 그 뿔에는 열 왕관이 있고'하며 적그리스도는 열 왕관만 가지고 있다고 하는데 만왕의 왕이 되신 주님은 셀 수 없이 많은 왕관이 있다고 말하고 있다. 왜냐하면 적그리스도는 열국의 왕이지만 예수님은 온 우주의 왕이기에 왕관이 수도 없이 많은 것이다.

"또 이름 쓴 것 하나가 있으니 자기밖에 아는 자가 없고"하고 있는데 이 말의 헬라어는 '에콘(소유) 오노마(이름) 게그람메논(그랍호=새기다) 호(호스=같은) 우데이스(자가 없는,아무도 아닌) 오이에이(에이도=알다) 에이(에.일지라도) 메(밖.결코~않다) 아우토스(3인칭 대명사 남성 주격.그)'로 그 뜻은 '이름이 새겨져 있는데 아무도 알지 못하고 그 자신 밖에 알지 못한다'라고 되어 있는데 이는 고대 신화에서 이름을 안다는 사실은 하나님이나 신의 능력을 소유한 것이 되기에 예수님이 그 이름을 자신만 안다는 것은 곧 그 분 자신이 하나님이라는 뜻이다.

관용어적으로 본 절은 지상 재림 하시는 예수님의 모습을 말한다.

피 묻은 옷을 입으신 예수님

계시록 19장 13절을 보면 '또 그가 피 뿌린 옷을 입었는데 그 이름은 하나님의 말씀이라 칭하더라'하며 예수님이 "또 그가 피 뿌린 옷을 입었는데"하고 있는데 이는 지금 아마겟돈 전쟁이 한참 진행 중이기에 피뿌린 옷은 짐승과 마귀와 사람들을 심판하다 피가 튀겨서 생긴 피인 것이다. 다시 말해 주님은 지상 재림하시며 아마겟돈 전쟁을 치루시기에 지금 지상 재림 하시는 장면인 동시에 아마겟돈 전쟁을 치루고 있기에 그 옷에 묻은 피는 아마겟돈 전쟁으로 입은 피인 것이다(사 63:3).

여기서 "입었는데"라는 말의 헬라어가 '페리베블레메노스'로 이는 시재상 완료 시재로 이는 흰 옷을 입었는데 아마겟돈 전쟁 중에 피가 튀었다는 말이다. 즉 옷 입는 것이 전쟁보다 앞서 입었다는 말이다.

여기서 '피'에 해당하는 헬라어가 '하이마티'인데 이 말의 유래가 '도데캅휠론'인 열두 지파에서 왔다. 그러므로 본 절의 피 뿌린 옷을 입었다는 말은 열두지파의 옷을 입고 전쟁에 임했는데 그 열두지파의 옷에 사단에게 속한 자들의 피가 묻었다는 말이다.

"말씀이라 칭하더라"하고 있는데 많은 분들이 계시록의 저자가 요한이 아니라고 의심하는데 저자가 요한이라는 결정적인 증거가 본 절의 말씀인 '로고스' 때문이다. 이 용어는 오직 사도 요한만 사용했던

용어이기에 본서의 저자는 요한이 틀림없는 것이다. 이 로고스에 대하여는 밑에서 별도로 다루도록 하겠다.

관용어적으로 본 절은 하나님의 말씀되신 예수님이 지상 재림하시면서 이스라엘 열두 지파의 옷을 입고 아마겟돈 전쟁을 하며 지상 재림하신다는 말이다.

로고스의 유래

계시록 19장 13절을 보면 "또 그가 피 뿌린 옷을 입었는데 그 이름은 하나님의 말씀이라 칭하더라'하고 있고, 요한복음 1장 1절을 보면 "태초에 말씀이 계시니라 이 말씀이 하나님과 함께 계셨으니 이 말씀은 곧 하나님이시니라"하며 말씀인 로고스에 대하여 나온다.

그렇다면 이 로고스라는 용어를 사도요한이 창조한 단어일까 아니면 오래전부터 이미 존재했던 용어를 재해석한 것일까. 결론부터 내리자면 재해석한 용어이다. 왜냐하면 이 로고스는 고대 그리스에서 이미 단순한 뜻을 가진 '말(언어)'이라는 말로 존재했던 단어였기 때문이다. 그런데 후에 이 로고스(말)라는 용어가 우여곡절 끝에 변천과정을 겪어 결국 예수님을 의미하는 로고스인 말씀이 되게 된 것이다.

이렇게 초기에 로고스는 단순히 말로써만 쓰였는데 이 로고스가 변천과정을 거치면서 다시 합리적인 언사(이야기.말.언어.단어)'라는 뜻으로 쓰이게 되다가 또 다시 변천과정을 거쳐 철학을 만나면서 '이성'을 가리키는 말로 발전하게 된다. 신학에서 이성이라는 말은 지.정.의를 가진 존재를 말하는 하나님과 사람과 천사와 마귀와 귀신를 뜻하는 말로 쓰인다. 고대 그리스에서 로고스가 이런 변천 과정을 거치면서 이 단어가 '신'을 의미하는 용어로 까지 발전하게 되는데 그런데 여기서 신이란 하나님과 같은 초월적인 존재로서의 신이 아닌 막연한 이성적인 신을 의미한다.

이렇게 로고스가 초기에 단순히 '말'이라는 용어로 쓰였는데 이를 철학화 시켜 신격화 시킨 당사자는 기원전(b.c) 6세기 초의 고대 그리스 철학자 헤라클레이토스이다. 그는 이 신(이성적 존재)을 로고스로 보았다. 그는 현재 진화론자들이 우주의 근본 물질을 아메바로 보는 것 같이 우주의 근본 물질(원인)을 '불'로 보았다. 그런데 그는 이 불이 비로 변하고 비(물)가 바다로 변하고 바다가 땅으로 변하고 이 땅이 다시 바다로 변하고 이 바다가 다시 비(물)로 변하고 이 비가 다시 불로 변하는데 이 과정이 영원히 반복된다고 했다. 그렇게 불로 시작되었다가 순환 과정을 거친 후 다시 불로 돌아오기에 불은 영원히 변하지 않는 존재라 했다. 그래서 그는 불이 우주의 근본 물질이라 했다. 그는 우주는 이런 불이 끊임없이 변했다가 다시 불로 환원하는 과정을 거칠 때 마다 진화되어 생겨난 것이라 했다. 이것이 그의 우주 진화론이며 불의 순환론이다.

그가 이렇게 우주의 최초의 물질이 불이라고 함으로 그는 최초의 진화론자가 된다. 그래서 그는 '이 세계는 신이 창조한 것도 아니며 어떠한 인간이 만든 것 또한 아니다. 언제나 살아 있는 불로서 존재한다'고 말했다. 그러나 그가 놓친 것이 하나 있는데 우주의 근본 물질이 '불'이라 했는데 그런데 이 불이 최초로 어디서 생겨났는지는 설명하지 못한다. 결국 최초의 '불'은 그가 말한 대로 이미 존재하고 있었다고 함으로 결국 '불'은 하나님에 의해 창조된 것이기에 하나님의 창조물에 지나지 않은 것이지 최초의 물질이 될 수 없는 것이다. 헤라클레토스는 우주가 이렇게 불이 생성 변화하여 진화하는 과정에서 질서가 유지되고 또한 사람들이 끊임없이 투쟁하고 대립하고, 싸우는데도 질서가 유지되는데 이렇게 우주와 사람들이 조화와 질서가 유지되는 것은 바로 '로고스'라는 신(이성적 존재)이 존재해서 로고스가 조화와 질서를 유지하기 때문이라 했다. 그런데 그는 이 신이 사람 속에도 있다고 함으로 범신론자(모든 만물에는 신이 있다는 뜻)가 된다.

헬라어는 알렉산더 대왕이 세계를 정복해 대 제국을 이루며 세계 공용어인 '코이네(공용어)'가 된다. 그러면서 처음 그리스에서 사용하던 용어들이 변천과 변화 과정을 겪게 된다. 그러면서 처음의 뜻과 전혀 다른 뜻을 갖게 되는데 그 영향이 성경에도 영향을 미쳐 70인역을 번역할때 영향을 미친다. 이런 변천과정에서 로고스라는 말도 역시 헬라클레토스가 말한 이성적 존재에서 하나님의 입의 말이란 뜻을 가진 계시나 말씀(사 2:1 ; 렘 26:1 ; 시 147:15)으로 70인역에서는 번역한다. 이때까지 로고스는 다바르의 뜻을 가진 그저 하나님의 입의 말이란 뜻 정도의 개념을 같게 된다. 그후 이 로고스라는 말이 신학과

조화를 이루게 되는데 이는 플라톤 철학에 심취했던 1세기의 유대인 철학자인 알렉산드리아의 필로 였다. 그는 로고스란 헬라인들이 말하는 우주 형성과 운행에 간섭하는 신이 하나님이라 하면서 하나님은 지극히 거룩하신 분이시기 때문에 물질세계에 직접 개입하는 대신 중재자(대변자.제사장)를 통해 이 모든 일을 하셨는데, 그 중재자가 바로 로고스요, 로고스는 제2의 하나님, 천사, 중보자라 하였다. 다시 말해 필로는 헬라인들이 말하는 로고스는 하나님을 의미하는 말이고, 필로가 말하는 로고스는 제2의 하나님이신 중보자 천사를 말하는 말로 받아들인다. 그러나 그후 로고스라는 말이 사요 요한을 만나게 되면서 헬라 철학과 70인역과 필로의 개념과 달리 로고스는 태초에 우주를 창조하신 하나님의 말씀이요. 후에 육신을 입고 세상에 오신 예수님이며 하나님의 동일하신 본체인 삼위일체중 한분이 된다(빌2:6).

관용어적으로 사도요한이 말씀 하시는 로고스는 예수님을 말한다.

공중혼인 잔치에 참여한 성도들이 백마를 타고 강림한 이유는

계시록 19장 14절을 보면 "하늘에 있는 군대들이 희고 깨끗한 세마포 옷을 입고 백마를 타고 그를 따르더라"하고 있다.

"하늘에 있는 군대들이(스트라티마타=군인)"하며 하늘에 있는 백성이라 하지 않고 군인이라 한 것은 이들이 아마겟돈 전쟁에 참여했기 때문이다. 그러므로 이때는 백성이 아닌 군인인 것이다.

"세마포옷을 입고"하고 있는데 이 말의 헬라어는 '뷧시논(베옷) 류콘(흰) 카이 카다론(카다로스=깨끗한)'로 그 뜻은 '깨끗한 흰 세마포'라는 말로 이 세마포인 흰옷은 계시록 6장 11절에 이미 입은 옷이며 8절의 흰옷 입은 자들로 흰옷은 언제나 공중 재림에 참여한 성도들을 말하는 말이다. 그런데 여기서 군대들이라 함으로 이 말씀만 보면 하늘의 천사들을 의미하는 것 같지만 정결한 흰 세마포를 입었다고 함으로 이는 성도들을 의미하는 말이다. 왜냐하면 흰 세마포는 언제나 천국에서 입는 관복으로 성도들이 입는 옷이기 때문이다. 그러므로 군대들은 천사들과 공중 재림에 참여했던 성도들을 말하는 말이다. 이들이 지금 지상 재림에 참여하고 있는 것이다.

"백마를 타고 그를 따르더라"하며 예수님만 백마를 탄 것이 아니라 성도들도 백마를 탔다고 하고 있다. 우리가 알기로는 백마는 예수님만 타는 것으로 아는데 본 절을 보면 천사들과 성도들도 같이 타고 있다고 하고 있다. 왜냐하면 백마는 승리와 왕의 말만 말하는 것이 아니라 새 하늘과 새 땅의 "말"이기도 하기 때문이다. 다시 말해 천국의 "말"이 백마라는 말이다. 또한 백마를 성도들이 탔다는 것은 성도들이 주님과 함께 영원히 왕 노릇 할 것이라는 뜻도 담겨져 있지만 그러나 본 절에서 말을 타고 강림하고 있다는 말은 말이 전쟁의 도구이기에 이는 지금 아마겟돈 전쟁에 동참해서 전쟁을 하며 강림한다는 뜻이다.

관용어적으로 주님과 함께 백마를 타고 천사들과 공중 재림에 참여한 성도들이 강림한 이유는 아마겟돈 전쟁에 참여했기 때문이다. 왜냐하면 말은 전쟁의 도구이기 때문이다.

입에서 예리한 검이 나오고

계시록 19장 15절을 보면 "그의 입에서 예리한 검이 나오니 그것으로 만국을 치겠고 친히 그들을 철장으로 다스리며 또 친히 하나님 곧 전능하신 이의 맹렬한 진노의 포도주 틀을 밟겠고"하고 있는데 본절은 예수님과 군대들이 지상 재림하시는 장면을 말하는데 이때 지상 재림하시면서 아마겟돈 전쟁을 하시게 되는데 이는 마치 전쟁영화에서 비행기가 착륙 전에 적을 폭격하고 착륙하는 것 같이 그렇게 하늘에서 폭격하듯이 폭격이 이루어지고 이 폭격이 끝나면 땅에 예수님이 오시게 된다. 그러면 아마겟돈 전쟁은 끝이 나게 되고 지상 재림이 이루어지게 되는 것이다.

여기서 '그의 입'이란 헬라어로 '투 스토마토스'로 입 앞에 정관사가 붙음으로 이는 특별한 분을 지칭하는 것으로 본장 11절의 백마탄 분인 예수님을 의미하는 말이다. 즉 예수님의 입을 말하는 말이다.

"그의 입에서 예리한 검이 나오니"하고 있는데 이는 엡 6:17, 사 11:4, 사 33:11절에서 유래한 말로 "말씀"이라는 관용어를 반영한 말로 21절에서 다시 설명하겠다. 반영이라는 말의 뜻을 자세히 알려면

저의 책 계 10:9절을 참고하라

"그것으로 만국을 치겠고"하고 있는데 이 말의 헬라어는 '파탓세(파탓소=치다.때리다) 타 에드네(에드노스=이방인)'로 그 뜻은 '그 이방인을 치겠고'라는 말로 여기서 만국이라 할 때 '파스'가 일반적으로 들어가지만 본 절에서는 '파스'가 빠져있는 이방인을 말하고 있다. 또한 이방인 앞에 정관사 '타'가 붙어 있음으로 이는 모든 사람을 치신다는 말이 아니라 어느 특정한 이방인만 치신다는 말로 이는 아마겟돈 전쟁에 참여한 이방인만 치신다는 말이다. 그러므로 이 말은 결국 아마겟돈 전쟁에 참여하지 않은 이방인들도 있는데 그들은 후에 살아서 천년왕국에 참여하게 될 것이라는 묘한 여지를 남기고 있는 말이다. 그래서 이들 때문에 천년왕국 후에 곡과 마곡의 전쟁이 다시 있게 되는 것이다. 이 부분은 뒤에서 다시 언급하겠다.

"치겠고"하고 있는데 이는 아마겟돈에 참여한 사람들을 본장 20절과 21절에서 처 없애겠다는 말이다.

"그들을 철장으로 다스리며"하고 있는데 관용어적으로 철장권세는 절대 권력을 가지신 예수님의 무자비한 형벌을 말하는 말로 이에 대하여는 저의 책 계 2:27절을 참고 하길 바란다.

"포도주 틀을 밟겠고"하고 있는데 유대인들은 피를 포도주에 비유하고, 틀은 포도를 으깨는 도구임으로 심판 곧 죽이는 장면을 말하는 관용어로 썼는데 이는 아마겟돈 전쟁으로 죽이는 것을 말하는 말이다.(사63:1~6) 또한 여기서 밟겠고하며 미래 시재를 쓰고 있음으로 이는 아직 포도주 틀을 밟는 아마겟돈 전쟁이 끝나지는 않았고 한참 전쟁이 진행 중이라는 뜻이다.

관용어적으로 아마겟돈 전쟁은 주님이 창과 칼로 하는 전쟁이 아닌 말씀의 검으로 하는 전쟁이다.

만왕의 왕이요 만주의 주

계시록 19장 16절을 보면 "그 옷과 그 다리에 이름을 쓴 것이 있으니 만왕의 왕이요 만주의 주라 하였더라"하고 있는데 혹자는 백마강림을 적그리스도의 강림이라 하는데, 갑옷 사이로 "나는 만왕의 왕이며 만주의 주"라는 이름이 보인 것으로 볼 때 이분은 예수님이시다.

"그 다리에 이름을 쓴 것이 있으니"하고 있는데 이는 포도주 틀을 밟으시는 주님의 발의 모습을 그대로 표현한 말이다. 계시록 17장 3절을 보면 짐승의 몸에 하나님을 모독하는 이름이 있는데 라는 말과 본 절의 하나님의 이름이 허벅지에 있다고 함으로 전혀 다른 대조를 이루고 있다(본장 19:12절을 참고하라).

"만왕의 왕이요, 만주의 주라 하였더라"하고 있는데 이 말은 신명기 10장 17절을 반영한 것으로 이는 하나님만이 유일 하시고 전능하시다라는 말의 관용어이다.

관용어적으로 예수님은 만왕의 왕이며 만주의 주가 되신 하나님 이시다.

새들의 잔치

계시록 19장 17절을 보면 "또 내가 보니 한 천사가 태양 안에 서서 공중에 나는 모든 새를 향하여 큰 음성으로 외쳐 이르되 와서 하나님의 큰 잔치에 모여"하고 있는데 본 절은 겔39:17~20절의 처참한 죽음을 관용어적으로 반영한 것이다. 반영이라는 말의 뜻을 자세히 알려면 저의 책 계시록 10장 9절을 참고하라

"내가 보니"환상 전환 관용구로 새로운 환상이 전개됨을 의미한다.

'한 천사가 태양안에 서서'하고 있는데 이 말의 헬라어는 '헤나(하나) 앙겔론(천사) 헤스토타(히스테미=서다) 엔(안에) 토 헬리오(해)'로 그 뜻은 '한 천사가 태양 안에 서다'라는 말인데 여기서 이 천사가 어느 천사인지 아는 것은 그리 중요하지 않다. 본 절에서 중요한 것은 이 천사가 전한 메시지이다. 또한 태양안에 섰다라는 말은 태양의 후광을 받으며 서 있다는 말이다. 이는 45일 재앙이 끝나 태양의 거리조종이 끝난 상태라는 말이다.

"공중나는 모든 새를 향하여(파신 토이스 올레오이스=새)"하고 있는데 이는 새들이 지금 아마겟돈 전쟁이 끝나가게 될 때쯤 되자 그 전쟁 중에 죽은 시체를 처리하기 위해 시체 치우는 잔치에 초대를 하고 있는 장면이다. 다시 말해 아마겟돈 전쟁에서 죽은 수많은 시체를 치우는데 전 세계의 모든 새들을 초청해 그 새들이 시체를 먹어 치우게 하고있는 것이다. 왜냐하면 계14:20절을 보면 아마겟돈 전쟁으로 인해 죽은 자들의 피가 300킬로를 강처럼 흐르고 그 피의 높이기 말굴레(말 재갈 물리는 입까지)인 1.5미터 높이가 될 것이라 하기 때문이다. 다시 말해 피가 1.5미터 높이로 강물을 이루어 300킬로나 흐르게 된다는 것이다. 이렇게 많은 악인들이 아마겟돈 전쟁으로 인해 죽기에 이 시체를 깨끗이 정리하고 천년왕국을 건설해야 하기에 새들을 초청해 이 쓰레기 같은 시체들을 치우기 위해 지금 새들을 초청하고 있는 것이다.

"하나님의 큰 잔치에 모여"하고 있는데 이는 아마겟돈 전쟁에서 죽은 악인들의 시체를 먹는 잔치에 초청장을 보내는 내용이다.

관용어적으로 새들의 잔치는 악인들의 잔치로 아마겟돈 전쟁의 결과를 말하는 말이다.

새들의 잔치 대상

계시록 19장 18절을 보면 "왕들의 살과 장군들의 살과 장사들의 살과 말들과 그것을 탄 자들의 살과 자유인들이나 종들이나 작은 자나 큰 자나 모든 자의 살을 먹으라 하더라"하고 있는데 이들은 아마겟돈 전쟁에 참여한 모든 부류의 사람들을 말한다. 즉 아마겟돈 전쟁에 참여한 모든 사람들만 죽는다는 말이지, 세상에 있는 모든 남겨진 불신자들이 죽는다는 말은 아니다. 왜냐하면 본장 17절을 보면 새들의 잔치는 아마겟돈 전쟁에 참여할 자들만 말하기 때문이다. 그러므로 전 세계의 불신자가 다 아마겟돈 전쟁에 참여한다고 볼 수는 없는 것이다. 그러므로 아마겟돈 전쟁에 참여하지 않은 남겨진 불신자들 중에는 육신을 가지고 천년왕국에 들어갈 자들도 있는 것이다.

"말들과(힙포스) 그것을 탄 자들의 살과"하고 있는데 여기서 말은 전쟁 도구이다. 그러므로 이는 아마겟돈 전쟁에 참여한 "말들"을 말하는 것이다.

"살을 먹으라"라는 말이 헬라어로 '화게테'인데 이는 '화고(먹다)'의 '가정법 현재'로 되어있다. 이 말은 가정법이기에 현재먹고 있다는 뜻이 아니라 현재 먹으라 하고 초청장을 보내 미래적으로 먹으라 명령을 내리고 있는 장면이라는 뜻이다. 그러므로 본 절은 새들을 잔치에 초청하는 초청장을 보내는 장이고, 실제로 먹는 장면은 본장 21절이다. 다시 말해 이는 지금 새들에게 시체를 먹으라는 초청장을 보내 초청장으로 명령을 내리고 있는 상황인 것이다. 그러므로 이렇게 볼 때 지금 시점은 아마겟돈 전쟁이 어느 정도 막바지에 이른 시점임을 알 수 있는 것이다 관용어적으로 본 절은 새들의 잔치에 초청된 대상을 소개하고 있는 내용이다.

아마겟돈 전쟁이 진행 중

계시록 19장 19절을 보면 "또 내가 보매 그 짐승과 땅의 임금들과 그들의 군대들이 모여 그 말 탄 자와 그의 군대와 더불어 전쟁을 일으키다가"하고 있는데 본 절은 마귀가 에덴동산에서 아담과의 싸움에서 승리해 에덴동산을 차지하고 아담을 에덴동산에서 쫓아냈었는데 지금 마귀가 그 일을 다시 그대로 재현하고 있는 말씀이다. 아마겟돈 전쟁 역시 천년 왕국의 수도인 이스라엘을 차지하기 위해 마귀가 주님을 물리치고 천년왕국을 차지하기 위해 버린 전쟁이다. 이 전쟁은 실제적으로는 예루살렘에서 있게 된다. 저의 책 계14:20절을 참고 하라

"내가 보매"하고 있는데 이 말은 환상과 내용 전환 관용구로 이 말이 나오면 환상과 내용이 전환 된다.

"그 짐승과(데리온) 땅의 임금들과(바실류스) 그들의 군대들이 모여하고"하고 있는데 여기서 짐승은 계시록 13장 1~10절의 첫 번째 짐승을 말하고, 임금들은 계시록 17장 3절의 열 뿔이라는 연합국가를 말한다.

"그 말 탄 자와 그의 군대와"하고 있는데 여기서 그 말 탄자는 예

수님을 의미하고 군대는 본장 14절의 천사들과 공중 재림에 참여했던 성도들을 말한다.

"전쟁을 일으키다가"하고 있음으로 이는 이미 전쟁을 일으켜 어느 정도 진행된 시점을 시사하고 있다.

관용어적으로 본 절은 아마겟돈 전쟁이 진행중이라는 뜻이다.

유황 불붙는 못이란

계시록 19장 20절을 보면 "짐승이 잡히고 그 앞에서 표적을 행하던 거짓 선지자도 함께 잡혔으니 이는 짐승의 표를 받고 그의 우상에게 경배하던 자들을 표적으로 미혹하던 자라 이 둘이 산 채로 유황불붙는 못에 던져지고"하며 본 절과 다음절은 아마겟돈 전쟁의 결과이다. 이 전쟁은 사실 싱겁게 끝난다. 왜냐하면 21절 주님의 입에서 나온 말씀의 검인 성령의 검에 의해 다 죽기 때문이다. 그리고 두 짐승은 산채로 유황불 못에 던져진다.

"짐승이 잡히고 그 앞에서 표적을 행하던 거짓 선지자도 함께 잡혔으니"하고 있는데 여기서 짐승은 계시록 13장 1~10절의 첫 번째 짐승을 말하고, 거짓 선지자는 계시록 13장 11~18절의 두 번째 짐승이다. 그런데 이들이 아마겟돈 전쟁의 결과 잡힌다. 그런데 아마겟돈 전쟁은 사실 아마겟돈에서 일어나는 것이 아니라 예루살렘 근처에서 일어난다(계 14:20).

"이는 짐승의 표를 받고 그의 우상에게 경배하던 자들을 표적으로 미혹하던 자라"하고 있는데 이는 계시록 13장 11~18절을 말한다. 자세한 내용은 저의 책 계시록 13장 11~18절을 참고하라

"유황불(데이온)"하고 있는데 여기서 유황은 당시 사해(소돔과 고무라)에서 흔히 발견 되었는데 불꽃만 떨어져도 불이 아주 잘 붙는 다고 한다. 유황은 종종 게헨나인 힌놈 골짜기를 의미하는 지옥을 상징하는 관용어로 쓰였다. 게헨나는 몰렉이라는 우상을 숭배하기 위해 인간을 불에 태우는 의식을 행했던 곳으로 후에 8세에 왕이 된 요시야가 이런 우상 숭배 제사가 다시 생겨나는 것을 막기 위해 쓰레기장으로 만들어 놓아 항상 쓰레기 타는 불이 타고 있었다. 그런데 이렇게 쓰레기장에서 불이 항상 타고 있는 것은 지옥은 불이 영원히 타는 곳이라는 것을 상징하는 것이며 또한 인간을 불로 태웠다는 말은 지옥은 영원히 인간이 타는 곳임을 상징하는 행위였다.

본 절의 "유황불 붙는 못에 던져지고"라는 말의 헬라어는 '텐 림넨(림네=연못) 투 퓌로스(불) 텐 카이오메넨(카이오=불을 붙이다.타다) 엔(안) 토 데이온(유황)'로 그 뜻은 '유황이 불붙는 불 못'이라는 뜻인데 그런데 여기서 '카이오메넨'이라는 말이 '불을 붙이다'와 '타다'로 해석 되는데 관건은 '카이오메넨'이 '타다'로 해석 되느냐 '불을 붙이다'로 해석되느냐 따라 해석의 양상이 크게 달라진다는 것이다. 왜냐

하면 불을 붙이다로 해석이 되면 이곳은 아직 불이 붙어 있지 않은 불의 연못 안에 감금 되어 있는 상태가 되지만, '타다'로 해석이 되면 지금 현재 유황 불 못에 던져진 상태가 되기 때문이다.

즉 '카이오메넨'의 해석에 따라 지옥의 불이 계시록 20장 10절을 기준으로 천년왕국 전에 붙여지느냐 아니면 천년왕 후에 붙여지느냐가 달라진다는 말이다. 그러므로 이 '카이오메넨'을 문법적으로 잘 분석 해야한다. 그래서 본 절 20절 '카이오메넨'를 문법적으로 분석하면 '카이오'인 '불 붙이다'의 현재 수동태 분사 여성변화 단수 목적격으로 못이라는 주체가 되는 곳에 유황불을 현재 붙이는 것으로 되어 있다. 그래서 공동번역에서는 "유황이 타오르는 불 못에"라고 해석하고 있다. 즉 유황불이 본 절에서 붙어 따오르고 있다는 것이다. 그런데 이 곳을 계20:3절에서는 무저갱이라 하고 계시록 20장 7절에서는 옥이라 하고 있다.

그리고 계시록 21장 8절 "불과 유황으로 타는 못에 던져지리니" 하고 있는데 이 말의 헬라어 "엔(안에) 호 림네(연못) 테 카이오메네(타다) 퓌리(불) 카이 데이우(유황)"는 그 뜻이 '유황과 불이 타는 연못 안에'라는 말로 여기서 '타는'에 해당하는 '카이오메네'는 '불 붙이다'를 뜻하는 '카이오'의 현재 수동태 분사 여성 단수 주격으로 목적이 되는 못에 유황불로 태우는 것이 주목적(주격)이 된다는 말이다. 즉 본 절의 '카이오메넨'과 계21:8절의 '카이오메네'가 둘다 수동태 라는 것이다. 결론적으로 말하면 계 19:20절과 계 21:8절은 같은 말이라는 것이다.

결국 이 말은 유황불이 붙어 타오르는 불 못이 천년왕국 바로 직전에 우주 어딘가에 창조되게 되는데 그곳에 천년왕국 전에 두 짐승을 가두고 천년왕국후에는 사탄과 불신자들이 그곳에 가두게 된다는 것이다. 이곳을 가리켜 성경은 둘째 사망이라 한다(계20:14).

그런데 중요한 것은 본 절의 천년왕국전에 우주 어딘가에 존재하고 있던 이 불 못을 계20:3절은 불 못이라 하지 않고 이명으로(다른 이름으로) 무저갱이라 말하고 있고, 계20:7절에서는 옥이라 말하고 있다는 것이다. 천년왕국 전에 존재하는 유황불을 붙이는 불 못이 완전한 지옥불이지만 그러나 이곳을 완전한 불 못(지옥불)으로 말하고 있지는 않다는 것이다. 왜냐하면 이곳을 계20:3,7절서 무저갱(옥)이라 말하고 있기 때문이다. 그런데 이렇게 본 절에서 유황불 따는 못을 완전한 불 못이 아닌 무저갱으로 말하는 이유는 영혼이 수면을 하기 때문이다.

계시록 20장 5절을 보면 천년왕국동안 영혼이 수면을 하게 된다고 하고 있는데 이렇게 되면 '유황불 붙는 못' 또는 '유황불 타는 못'이 같은 곳이라 해도 영혼이 수면을 하게 되면 '유황불 붙는 못(무저갱.옥)' 또는 '유황불 타는 못(지옥불)'도 천국과 다름이 없는 곳이 된다. 왜냐하면 통증이 없기 때문이다. 수면한다는 것은 통증이 없다는 뜻이다. 이렇게 통증이 없으면 지옥이나 천국은 다 똑 같은 곳이 되는 것이다. 우리가 지옥을 무서워하는 이유가 통증이 있기에 무섭고 두려워하는 것이다. 그런데 만약 통증이 없다면 지옥도 천국이 되는 것이다.

그런데 이렇게 천년왕국이 이루어지면 '유황불 붙는 못(무저갱.옥)' 또는 '유황불 타는 못(지옥불)'도 영혼이 수면에 들어가기에 통증이 없는 것이다. 그러므로 천년 왕국 전에 불 못이 완성되었다고 해도 그곳은 불 못의 역할을 제대로 감당 할 수 없는 곳이 되는 것이다. 그래서 이곳을 지옥 불 못이라 하지 않고 무저갱 또는 옥이라고 계20:3,7절에서는 말하고 있는것이다. 그래서 계시록 19장 20절에는 두 짐승이 불붙는 연못에 던져졌지만 그들이 고통을 당한다는 말이 나오지 않고 있지만 천녕왕국 후인 계20:10절에서는 그들이 유황불이 붙은 연못에 던져지자 고통을 당한다고 나오고 있는 것이다. 왜냐하면 천년왕국 전에는 천년 동안 영혼이 수면하기에 유황물 붙는 못에 던져져도 통증이 없기에 고통을 당한다는 말이 계시록 19장 20절에는 나오지 않고 있는 것이다. 그러나 계시록 20장 20절에는 천년왕국 후 영혼이 수면에서 깨어난 후에는 통증이 있기에 유황과 불 붙에 던져졌을 때 통증이 있다고 나오고 있는 것이다. 어거스틴은 육체는 그냥 무감각한 흙이고 감각은 영혼에 있다고 하고 있다.

결론적으로 말씀 드리면 유황이 타오르는 불 못은 천년왕국 직전에 우주 어딘가에 창조되어 존재하는데 이곳을 계시록 20장 3절에서는 무저갱이라 하고, 계시록 20장 7절에서는 옥이라 하고 있고, 천년왕국 후에는 이곳을 유황과 불이 타는 못이라 하는데 이 두 곳은 사실 같은 장소이다. 그러나 천년왕국 전에는 통증이 없고, 천년왕국 후에는 통증이 있기에 두 곳이 마치 다른 장소인것처럼 느껴지지만 사실 두 곳은 모두 같은 장소인 것이다. 즉 영혼이 수면 하느냐, 하지 않으냐에 따라 무저갱(옥)과 유황불 타는 불 못(불지옥) 으로 나누어졌을 뿐 두 곳은 모두 같은 장소라는 말이다.

관용어적으로 무저갱과 유황불 타는 불지옥은 영혼 수면에 의해 좌우 되는 것이다.

말씀의 검으로 이겼다는 말과 새들의 잔치를 벌인 이유

계시록 19장 21절을 보면 "그 나머지는 말 탄 자의 입으로부터 나오는 검에 죽으매 모든 새가 그들의 살로 배불리더라"하며 본 절은 두 짐승이 유황불 붙는 못에 던져지고 나머지 적그리스도와 거짓 선지자와 함께 아마겟돈 전쟁(예루살렘에서 일어남)에 참여했던 나머지 사람들은 다 몰살을 당해 새들의 잔치에서 먹잇감이 된다고 하고 있다.

"그 나머지는(로이포이)"하고 있는데 여기서 그 나머지란 짐승과 거짓 선지자를 따른 우상과 666표를 받고 아마겟돈 전쟁에 참여한 자들을 말한다.

"말 탄 자의 입으로부터 나오는 검에 죽으매"하고 있는데 이는 본장 15절과 같이 말씀의 검을 말한다(엡 6:17 ; 사 11:4 ; 사 33:11). 여기서 말씀의 검으로 죽였다는 말은 주님이 말씀을 선포하자 천사들이 대하20:22절과 같이 서로 자중지란을 일으켜 자기편끼리 죽여 피가 300킬로나 흐르게 됐다는 말이다. 이렇게 피가 300킬로나 흘렀다는 말은 아마겟돈 전쟁(예루살렘)때 참여한 적그리스도와 그와 함께 참여한 인원이 많았다는 뜻이다. 본 절에서는 이렇게 검으로 죽였기에 자중지란을 일으켜 서로 칼로 죽여 피가 300킬로나 흘렀지만 계20:9절 때에는 곡과 마곡을 불로 죽이기에 피 한방울도 흘리지 않고 죽는다.

"모든 새가(파스 호 올네온) 그들의 살로(사륵스) 배불리더라"하고 있는데 본장 15절을 보면 포도주 틀을 밟겠고 하며 미래형으로 말했지만 본 절은 틀에 밟혀 새들이 배 불렸다고 함으로 이미 아마겟돈 전쟁이 끝난 상태를 말한다(계 12:17 ; 계 14:20).

그러면 왜 새들의 잔치를 벌인 것일까? 계시록 14장 20절을 보면 아마겟돈 전쟁의 결과 피가 300킬로나 흐를 정도로 이 땅에 시체가 많게 된다. 그런데 이런 상태에서 이 땅이 천년왕국이 되면 이 땅은 천년왕국이 아니라 시체와 악취의 왕국이 될 것이다. 그러므로 주님은 지상 재림하시기전에 이 땅의 시체와 피와 악취를 제거하기 위해 세계 모든 새들을 불러 모아 그 시체와 피를 먹게 해 시체와 악취를 제거하기 위해 새들의 잔치를 벌인 것이다.

관용어적으로 새들의 잔치를 벌인 이유는 이 땅에서 천년왕국이 이루어지는데 이때 아마겟돈 전쟁으로 인해 이 땅이 시체왕국이 되었기에 이 시체와 악취를 제거하기 위해 새들의 잔치를 벌인 것이다.

하존 요한계시록 5

제 3 강

계시록 21 장

l 계 21 장

새 하늘과 새 땅에 대하여

계시록 21장 1절을 보면 "또 내가 새 하늘과 새 땅을 보니 처음 하늘과 처음 땅이 없어졌고 바다도 다시 있지 않더라"하고 있는데 앞장에서는 세상과 하나님의 최후의 심판에 대하여 묘사했다면 본장은 천당과 천당 백성이 누릴 영원한 삶을 묘사하고 있다.

"내가 ~~보니"하고 있는데 이는 내용과 환상전환 관용구이다.

"새 하늘과 새 땅을 보니"하고 있는데 이 말의 헬라어는 '우라논 카이논 카이 겐 카이넨'로 그 뜻은 "새 하늘과 새 땅"인데 여기서 '새'에 해당하는 헬라어 '카이넨'은 본래 '새로운,신선한,최근,고귀한' 이란 뜻을 지닌 '카이노스'의 목적격 형용사로 질적으로 전혀 다른 새로운 것을 말한다. '카이논' 역시 질적으로 새로운 것을 말한다. 그러나 '카이노스'에 최근이라는 말도 들어 있음으로 이는 최근에 질적으로 전혀 다른 세계를 창조했다는 말도 되는 것이다. 그러므로 새 하늘과 새 땅은 최초에 있었던 하늘과 땅과는 완전히 질적으로 전혀 다르고 최근에 새로 창조한 땅과 하늘이라는 말이다.

이사야 65장 17절이 천년왕국의 신천 신지를 표현한 말이라면, 이사야 66장 22절은 새 예루살렘의 신천 신지를 표현한 말로 본 절은 이사야 66장 22절에서 유래했다. 혹자는 새 하늘과 새 땅이 리모델링한 천년왕국을 말한다고 하지만 새 하늘과 새 땅은 개선하거나 개량한 리모델링된 땅과 하늘이 아닌 전혀 새로운 하늘과 땅을 의미한다.

"처음 하늘과 처음 땅이 없어졌고"하고 있는데 이 말의 헬라어는 '호 가르(왜냐하면) 프로토 (처음) 우라노스(하늘) 카이 헤 프로테(처음) 게(땅) 파렐덴(파렐코마이=소멸하다)'로 그 뜻은 '왜냐하면 처음 하늘과 땅이 소멸 되었기 때문이라'하고 있는데 이렇게 처음 땅과 하늘이 '파렐코마이'로 소멸되었기에 새 하늘과 새 땅은 이 땅에서 새로 리모델링된 것이 아니라 아버지의 집이라 해서 천국안에서 새롭게 창조된 하늘과 땅인 천당을 의미하는 것이다. 다시 말해 아버지의 집(천당)이며 새 예루살렘인 새 하늘과 새 땅은 우주 가운데 창조된 것이 아니라 아버지의 집(천당)이기에 천국의 노른자위에 새롭게 창조되었다는 말이다(요 14:2). 이 부분은 저의 책 다가온 종말을 반드시 참고하길 바란다.

여기서 처음 하늘과 처음 땅인 우주가 없어졌다는 말을 본 절에서는 '파랄코마이'라 해서 소멸 되었다고 말하고 있고, 계시록 20장 11절에서는 '휴고'라 해서 사라셨다고 하고 있다. 이는 우주가 없어지고 소멸되고 기존에 있던 우주가 완전히 지옥이 되었다는 말이다. 이처럼 지옥도 기존 땅에서 이루어지는 것이 아니라 완전히 새로운 세계에 생겨났기에 지옥도 광역적인 의미에서는 새 하늘과 새 땅에 속하는 것이다. 이 영계 부분에 대한 자세한 내용은 저의 책 '다가온 종말론'의 영계 편을 반드시 참고하라.

"바다도 다시 있지 않더라"하고 있는데 이 말의 헬라어는 '카이 헤 달랏사(바다) 우크(결코~않다) 에스틴(그것은~이다) 에티(아직.다시)'로 '바다가 결코 다시 있지 않다'라는 말인데 그런데 여기서 바다라는 말의 유래가 '카나니테스(가나안 사람의 별명)'라 해서 가나안에서 유래가 되었다. 그러므로 이 말을 유래로 해석하면 '가나안이 다시 있지 않더라'는 말이 되는 것이다. 즉 '바다가 다시 있지 않더라'는 말이 바다가 아니라 '가나안이 다시 있지 않더라'는 말로 되어있다는 말이다. 가나안은 가나안땅인 이스라엘을 말함으로 이스라엘은 천년왕국의 수도였기에 결국 이 말은 천년왕국의 수도조차 없어지고, 처음 하늘과 땅이 완전히 지옥이 되었다는 말이다. 그래서 가나안이 다시는 있지 않더라 하고있는 것이다. 즉 '천년왕국의 수도도 보이지 않더라'는 말이다. 이로 볼 때 천년왕국이 이 땅에서 이루어졌던 것이 확실하다.

관용어적으로 하늘에서는 처음 하늘 처음 땅이 있었는데 본 절에서는 이 처음 하늘과 처음 땅은 완전히 소멸되고 최근에 전혀 새로운 하늘과 땅이 창조 었는데 그 곳이 아버지의 집인 천당이다.

셋째 하늘

계시록 21장 1절을 보면 "또 내가 새 하늘과 새 땅을 보니 처음 하늘과 처음 땅이 없어졌고 바다도 다시 있지 않더라"하고 있고, 고린도 후서 12장 2절을 보면 "내가 그리스도 안에 있는 한 사람을 아노니 그는 십사 년 전에 셋째 하늘에 이끌려 간 자라 (그가 몸 안에 있었는지 몸 밖에 있었는지 나는 모르거니와 하나님은 아시느니라)"하며 셋째 하늘에 다녀왔다고 하고 있는데 이는 유대인들의 하늘관을 먼저 이해하지 않으면 안 된다. 유대인들은 에녹 2서를 통해 하늘을 첫 번째 하늘에서 열번째 하늘이 있는 것으로 보았는데 에녹서에서는 셋째 하늘에 낙원이 있는 것으로 말하고, 7번째 하늘에서는 예수님이 계신 것으로 말하고, 10번째 하늘에 하나님이 계시다고 되어있다. 다시 말해 예수님과 하나님이 계신 하늘은 7번째 하늘에서 10번째 하늘로 말하고 있다.

그리고 구약에서는 하늘을 7단계로 말하다가 바울시대에 와서는 하늘을 3단계로 보아 첫째 하늘을(1층천) 대기권(새들이 날아다니는 하늘을 말함)으로 생각했고, 둘째 하늘을(2층천) 대기권에서 천국까지로 보았고(해,달,별이 있는 우주창공을 말하는 것으로 하늘들의 하늘을 말함), 이 천국과 대기권의 경계에 금속판이 있다고 생각했다. 그런데 이 2층천인 금속판 위에는 비, 우박, 눈등을 많이 보관하고 있는 하늘 창고가 있다고 그들은 생각했다. 그리고 셋째 하늘을(3층천) 낙원으로 보았다.

그런데 제2의 성서라는 책 바울의 계시록편 21절부터 23절을 보면 이때 바울은 하늘 3층천인 낙원에 가게 되는데 다시 그곳에서 2번째 하늘로 이끌리고 궁륭(둥근천장)이라는 곳을 거쳐 하늘의 문으로 가게 된다. 그런데 이 하늘의 문의 기초는 바다 위에 있었는데 이 바다에서 빛이 비추었는데 이 빛이 지구 전체를 비추는 빛이라 했다. 그리고 천사의 이끌림을 받아 '아케루시아'라는 호수에 도착해 황금 배를 타고 성문에 도착해 거대한 성문을 통해 그리스도의 도시(새 예루살렘)에 들어간다. 이곳이 바로 하나님이 계신 곳이었다(바울의 계시록 29절과 44절). 그러므로 이렇게 볼 때 바울은 셋째 하늘인 낙원에 갔다가 다시 천사에게 이끌리어 그리스도의 도시(새 예루살렘)로 들어갔던 것이었다.

한편 고린도 후서 12장 4절의 낙원과 고린도 후서 12장 2절의 셋째 하늘이 동일한 곳으로 사람들은 말하지만(제2의 성서도 동일한 곳으로 봄), 그러나 유대인들의 영계 표현 방식으로 볼 때 셋째 하늘과 낙원은 동일한 개념이 아니다. 왜냐하면 에녹 때는 하늘을(영계) 10단계로 보았고, 구약에서는 7단계로 보았기에 바울이 말한 세 번째 하늘은 에녹서의 표현에 의하면 10번째 하늘에 해당하고, 구약으로 하면 7번째 하늘에 해당하기 때문이다.

그래서 학자들은 고린도 후서 12장 4절 바울이 낙원에 갔다는 말과 2절 셋째 하늘에 갔다는 말을 다음과 같이 해석했다. 처음에 바울은 성령께 이끌리어 셋째 하늘인 하나님이 계신 곳을 본 다음 다른 단

계 즉 다른 영계인 낙원에 이끌리어 갔다는 것이다. 그래서 고린도 후서 12장 2절에서 바울은 셋째 하늘에 이끌리어 갔다고 하고 있고, 다시 고린도 후서 12장 4절에서는 낙원으로 이끌리어 갔다고 하며 이끌리어 간 것이 한번이 아니라 두 번이라 말하고 있는 것이다. 그러므로 낙원과 셋째 하늘은 다른 곳인 것이다. 즉 바울은 처음(고후 12:2)에 셋째 하늘에(하나님이 계신 새 예루살렘) 이끌어 갔다가 다시 궁륭으로(둥근천장) 돌아왔다가 다시 낙원(셋째 하늘보다 낮은 곳인 하늘의 문)에 갔던 것이다.

새 예루살렘 성

계시록 21장 2절을 보면 "또 내가 보매 거룩한 성 새 예루살렘이 하나님께로부터 하늘에서 내려오니 그 준비한 것이 신부가 남편을 위하여 단장한 것 같더라"하고 있는데 이스라엘이라는 나라가 있고 수도인 예루살렘이 있었던 것 같이 하늘나라도 나라인 천국이 있고, 수도인 새 예루살렘이 있는데 이 수도인 새 예루살렘을 새 하늘과 새 땅이라 하고 아버지집(천당)이라 하는 것이다(요 14:2). 스가랴 2장 12절을 보면 '여호와께서 장차 유다를(천국) 거룩한 땅에서 자기 소유를 삼으시고 다시 예루살렘을 택하시리니(천당)' 하며 거룩한 땅인 가나안 땅은 천국을 상징하고, 예루살렘은 천당(집)을 상징하고 있다. 이렇게 새 예루살렘이 내려옴으로 본 절부터 4절까지는 이 새 예루살렘에 대하여 이야기가 계속된다.

"내가 보매"하고 있는데 이는 내용이나 환상이 전환되는 관용구이다. 여기서 '새'가 '카이넨'으로 되어 있는데 이는 "최근, 새로운"이라는 뜻을 가진 '카이노스'에서 유래한 말로 질적으로 전혀 새로운 것을 말한다.

"내가 보매 거룩한 성 새 예루살렘이 하나님께로부터 하늘에서 내려오니"하고 있는데 이 말의 헬라어는 "텐 폴린(성) 텐 하기안(거룩한), 이에루살렘(예루살렘) 카이넨(새로운), 에이돈(보다) 카타바이누산(내려오다) 에크(에서) 투 우라누(하늘) 아포(~로부터) 투 데우(하나님)"로써 그 뜻은 "거룩한 성 새 예루살렘이 하나님으로부터 하늘에서 내려오는 것을 보았다"라고 되어 있음으로 혹자는 진짜로 새 예루살렘이 내려온 것으로 해석 하는데 이는 계3:12절에서는 천년왕국때 예루살렘이 천년왕국의 수도가 될 것을 말하는 말이지만 본 절에서는 새 예루살렘이 실제로 내려올수가 없다. 왜냐하면 지금 계21:2절은 1절에서 본 것 같이 "또 내가 새 하늘과 새 땅을 보니 처음 하늘과 처음 땅이 없어졌고 바다도 다시 있지 않더라"하며 이미 우주가 사라졌는데 이 예루살렘이 어떻게 하늘에서 내려 올수 있느냐는 것이다. 즉 이 땅에 내려올 우주 자체가 없으니 내려 올수 조차 없는 것이다. 새 예루살렘에 대하여 자세히 알려면 저의 책 계3:12절을 반드시 참고하기 바란다.

그러므로 이는 계17:3절에서 요한이 광야에서 "여자가 붉은 빛 짐승을 탄 것을 보았기"에 이후 진행되는 계17~18장에서 요한이 본

여자가 탄 붉은 빛 짐승들에 대한 이야기가 나오고 있는 것 같이 계 21:10절에서 요한이 높은 산에 올라가 하늘에서 내려오는 새 예루살렘을 본 것은 이후 진행되는 계21~22장에서 요한이 본 새 예루살렘에 대한 내용들을 디테일하게 설명하기 위해서인 것 같이 본 절도 이후 진행될 새 예루살렘인 계21~22장을 디테일하게 설명하기 위해 관용어 적으로 에스겔이 높은 산에서 본 성전 환상을 반영한 것이다(겔40~48장). 반영이라는 말의 뜻을 자세히 알려면 저의 책 계10:9절을 참고하라

"그 준비한 것이 신부가 남편을 위하여 단장한 것 같더라"하고 있는데 여기서 신부는 새 예루살렘과 인침받은 성도를 말하고, 남편은 예수님을 말한다. 결국은 새 예루살렘 성은 예수님과 인침받은 성도가 거할 신혼집이라는 뜻인데 새 예루살렘이 신부라 함으로 이 성은 주님이 신부인 인침 받은 성도들을 위해 준비한 신혼집이라는 말이다. 그래서 새 예루살렘을 신부들의 성 즉 성도들의 성이라 하는 것이다(본장 9~10절).

"그 준비한(헤토이마스메넨) 것이 신부가(뉨프헤) 남편을(아네르) 위하여 단장한 것(케코스메메넨) 같더라"라는 말을 정확하게 번역하면 여기서 "준비된"이라는 말의 헬라어 "헤토이마스메넨"과 "단장"이라는 말의 헬라어 '케코스메메넨'은 모두 완료형으로 새 예루살렘 자체가 신랑 되시는 예수님과 신부되는 성도들을 맞이할 모든 준비를 끝냈다는 말이다. 그래서 원어 자체로 해석하면 새 예루살렘은 결

국 신부인 성도들과 신랑인 예수님의 신혼집이 된다는 말이 되는 것이다. 그런데 이런 새 예루살렘인 신혼집이 내려온다는 뜻은 신부되는 우리 성도들을 맞이하기 위해 내려오는 것이다. 다시 말해 이 신혼집에는 신랑되신 예수님이 주인으로 계시는데 그 신랑되신 예수님이 신혼집을 가지고 신부인 성도들을 맞이하기 위해 내려온 것이다. 이는 마치 결혼식장에서 신랑이 신부를 맞이하러 가듯이 그렇게 새 예루살렘이(예수) 신부인 성도를 맞이하기 위해 내려오고 있는 것이다.

결론적으로 말하면 새 예루살렘은 신혼집이며, 신부들의 성이며, 인침받은 성도들의 성인 것이다(본장9~10절).

관용어적으로 새 예루살렘 성은 신랑과 신부가 신혼살림을 하는 신혼집으로 그곳에서 우리는 주님과 영원히 신혼 생활을 하게 될 것이다. 새 예루살렘이 내려온 이유는 이 신랑이 신부를 맞이하기 위해 내려온 것이다. 새 예루살렘은 신랑과 신부들의 성인 것이다.

유토피아 교제가 이루어지는 새 예루살렘

계시록 21장 3절을 보면 "내가 들으니 보좌에서 큰 음성이 나서 이르되 보라 하나님의 장막이 사람들과 함께 있으매 하나님이 그들과 함께 계시리니 그들은 하나님의 백성이 되고 하나님은 친히 그들과 함께 계셔서"하고 있는데 본 절은 레위기 26:11~13의 내용을 반영한 것으로 새 예루살렘이 내려온 의미를 나타낸다. 그것은 새 예루살렘이라는 아버지의 집에서 신랑(예수)과 신부들이(성도) 아버지와 함께 유토피아(가장 이상적 세계)적 교제를 나눈다는 뜻이다. 새 예루살렘을 본장 9절에서는 어린양의 신부의 성으로 나온다.

'보좌에서(포호네) 큰(메가스) 음성이(포호네) 나서 이르되"하고 있는데 1~2절은 요한이 새 하늘가 새 땅과 새 예루살렘이 내려오는 것을 본 것 이라면 3~4절은 요한이 보좌에서 나는 큰 소리를 들은 것이다. 만약 보좌에서 난 음성이 일반 음성이라면 24장로의 음성일수도 있지만 큰 음성이기에 이는 하나님의 음성이다. 또한 5~7절의 내용으로 볼 때 이렇게 말씀 하신 분은 하나님이심에 틀림이 없다.

"보라 하나님의 장막이 사람들과 함께 있으매"하고 있는데 여기서 "장막"은 요한복음 14장 2절의 아버지의 집을 의미한다. 왜냐하면 이 '장막'이라는 말이 헬라어로 '헤 스케네'로 그 뜻은 '장막,초막,천막,거처'라는 뜻을 가지고 있는데 이는 법궤가 있는 성막을 의미하는 말이 아니라 2절의 새 예루살렘을 보고 쓴 표현이기에 본 절에서 장막은 성막이 아닌 텐트인 집을 의미하기 때문이다. 그러므로 이 말은 아버지의 집에서 하나님과 성도들이 같이 살게 될 것이라는 의미이다. 이스라엘이 출애굽한 후 광야 생활을 할때 성막중심으로 생활했던것 같이 천당생활은 가장 이상적인 유토피아(가장 이상적인 세계) 생활로 아버지를 중심으로(안에서) 신랑 되신 예수님과 신부되는 성도들이 친밀하게 거하게 될 것이라는 말이다. 장막이 꼭 구약에서 성막으로만 해석 된 것이 아니라 예레미야 10장 20절에서는 예루살렘으로 해석되기도 했고 집으로 해석되기 했다.

'하나님이 그들과 함께 계시리니'하고 있는데 여기서 '거하시매'의 헬라어 '에스케노센'은 '천막을 치다, 하나님이 보호와 교제'라는 뜻을 가짐으로 이는 이 새 예루살렘이라는 집에서 하나님을 중심으로 (안에서) 하나님의 보호를 받으며 신랑(예수)과 신부(성도)가 교제를 나누며 생활할 것을 말하는 말이다. 그러므로 새 예루살렘에서 생활은 유토피아 생활이 될 것이다.

"저희는 하나님의 백성이 되고 하나님은 친히 저희와 함께 계셔서"하고 있는데 본문은 구약성경에 자주 나타나는 관용구로 하나님께서 자기 백성을 구원하신 목적을 말하는 말이다. 그것은 하나님이 자기 백성과 밀접하고 친밀하게 교제하기 위해 구원했다는 말이다. 그러므로 이 말은 하나님과 성도 간에 최고로 친밀한 교제가 이루어지는 유토피아 상태를 시사하는 말이다. 여기서 '하나님의 백성'에 해당하는 헬라어 '라오이 아우투'는 문자적으로 '그의 백성들'이란 의미로 복수이다. 복수라는 뜻은 새 예루살렘 백성이 이스라엘 민족만을 의미 하는 것이 아니라 모든 민족의 백성을 의미한다는 말이다. 즉 예수님으로 말미암아 구속받은 모든 성도가 하나님의 백성이며 예수님의 신부라는 말이다.

관용어적으로 본 절은 새 예루살렘이라는 하나님 아버지의 집에서 신랑(예수)과 신부(성도)와 아버지가 서로 이상적인 교제가 이루어져서 유토피아가 성취되는 것을 말한다.

새 예루살렘에서의 유토피아 생활

계시록 21장 4절을 보면 '모든 눈물을 그 눈에서 닦아 주시니 다시는 사망이 없고 애통하는 것이나 곡하는 것이나 아픈 것이 다시 있지 아니하리니 처음 것들이 다 지나갔음이러라'하고 있는데 여기서 사망과 애통과 곡과 아픈 것은 다 눈물의 원인인데 이 근본 원인을 없애 주겠다는 말이다(계22:1~5).

"모든 눈물을 그 눈에서 닦아 주시니"이는 처음 하늘에서 있었던 생로병사로 인해 생겨난 것인데 이 생로병사의 원인을 제거해 주겠다는 것이다. 그러면 자동적으로 눈물은 없어지고 환희와 기쁨과 행복이 넘치게 되어 있는 것이다. 이는 유대인들이 추구하는 유토피아로(이상적인 세계) 그런데 그 유토피아가 이 땅이 아닌 새 예루살렘 성에서 이루어진다는 말이다.

관용어적으로 새 예루살렘은 에덴 동산보다 더 아름다운 유토피아 세계라는 것이다.

삽경의 말씀

계시록 21장 5절을 보면 "보좌에 앉으신 이가 이르시되 보라 내가 만물을 새롭게 하노라 하시고 또 이르시되 이 말은 신실하고 참되니 기록하라 하시고"하고 있는데 2절부터 4절 까지가 새 예루살렘에 대한 이야기였다면 본 절 부터 8절까지는 삽경으로 요한이 성경을 기록할 당시로 다시 돌아와 예수님을 믿고 그 가르침을 실행하는 자는 그 복을 누리고 그렇지 않는 자는 지옥에 가리라는 권면과 경고의 말씀이 기록되고 있다. 왜 요한 시점이라 하느냐면 '하노라'라는 '포이오'가 현재시상이기 때문이다.

"보좌에(드로노스) 앉으신(알렉산드류스= 알렉산드리아) 이가 이르시되"하고 있는데 이 말의 헬라어는 '카에이펜(레고=말하다) 호 카데메노스(앉다=알렉산드리아) 에피(위에) 투 드로누(보좌)'로 그 뜻은 '보좌 위에 앉으신 이가 말했다'라는 말로 되어 있는데 여기서 '카데메노스'의 유래가 '알렉산드리아'에서 왔다는 것이다. 그렇다면 보좌 위에 앉으신 분을 하나님이 아닌 왜 알렉산더 대왕으로 이야기 하고 있는 것일까? 알렉산드리아는 기원전 331년 알렉산더 대왕이 이집트를 정복한 후 세운 항구도시이며 공업도시이고 당시 이집트의 수도로 도시민의 대부분이 유대인들(당시 유대인이 10만명)과 그리스 시민이었고, 주전200년전에는 이집트의 황제의 명령으로 70인역이 번역된 도시이기도 하고, 초대교회 교구 중 가장 큰 교구가 알렉산드리아에 있었다고 한다. 즉 보좌에 앉으신 이가 알렉산드리아 즉 알렉산더 대왕으로 번역된 이유는 당시 최고의 지배자 하면 알렉산더 대왕으로 통했기 때문이다. 그래서 하나님이 보좌에 앉으신 것을 좀더 실감나게 알렉산더 대왕으로 비유한 것이다. 쉽게 말해 당시 관용어적으로 세계 최고 지배자 하면 알렉산더 대왕으로 알았다는 말이다.

"내가 만물을 새롭게 하노라"하고 있는데 이 말의 헬라어는 "카이나(카이노스=새로운) 판타(파스) 포이오(창조하다)"로 그 뜻은 '내가 모든 것을 새롭게 창조할 것이다'라는 말로 여기서 '하노라'로 번역된 헬라어 '포이오'는 '행하다.창조하다'라는 현재시장으로 요한 시점에서 하나님께서 미래에 이루실 새로운 창조 행위에 대해 예언적으로 선언하고 있는 것이다. 다시 말해 이는 지금 요한이 계시록을 쓰는 시점인데 앞으로 미래에 우주를 지옥으로 창조하고, 천국의 수도를 새 예루살렘으로 창조 할 것이라는 뜻이다.

"이 말은 신실하고 참되니"하고 있는데 이 말은 명심하라 '이 약속은 진짜 말씀 그대로 이루어 질 것이니라'는 말이다.

관용어적으로 본 절은 삽경으로 요한 시점이다.

생명수 생물을 마시자

계시록 21장 6절을 보면 "또 내게 말씀하시되 이루었도다 나는 알파와 오메가요 처음과 마지막이라 내가 생명수 샘물을 목마른 자에게 값없이 주리니"하고 있는데 여기서 '이루었도다'에 해당하는 헬라어 '게고난(기노마이=되다)'은 복수 동사 완료형으로 문자적으로 '이런 것들이 다 이루었다'인데 이 말씀은 예수님께서 하신 십자가상 칠

언중 여섯 번째 말씀과 같다(요 19:30). 예수님께서 십자가에서 인류 구원을 위한 대속 사역을 성취 하셨던 것 같이 요한에게 지금까지 말씀 하신 모든 내용들도 그대로 다 성취되셨다는 말이다. 그러나 지금 시점은 요한이 계시록을 기록 할때 이기에 아직 종말에 대한 내용은 하나도 성취가 되지 않았다. 그러나 이렇게 과거 완료로 쓴 이유는 이 약속의 말씀들이 그대로 다 성취 될 것이기 때문이다.

"나는 알파요 오메가요 처음과 나중이라"하고 있는데 여기서 장차가 빠지면 무조건 하나님께 해당하는 말씀이고 장차가 들어 있으면 예수님을 의미하는 말씀이다. 이 부분은 저의 책 계1:8절을 꼭 참고 하길 바란다.

"생명수 샘물을 목마른 자에게 값없이 주리니"하고 있는데 렘 2:13절을 보면 생수의 근원을 하나님으로 말한다. 그러므로 생명수의 물은 생명의 근원을 말하는 관용어로 이 땅에서는 예수 믿는 것과 성령 받는 것을 말하고, 천당에서는 영생을 상징한다. 지금 시점이 요한이 계시 받는 시점이기에 이는 물과 성령으로 거듭나 영생을 받으라는 말이다(요 4:14 ; 요 7:38~39 ; 요 15:26). 여기서 생명수 샘물의 헬라어는 '호 페게스(샘) 투 휘다토스(물) 테스 조에스(영생)'로 그 뜻은 '영생의 물의 샘'이라는 말로 이는 곧 영생을 주는 물을 말한다. 이는 물(예수 믿는 것)과 성령으로 거듭나는 것을 말하는 말이다.

관용어적으로 생명수 샘물은 이 땅에서는 물과 성령으로 거듭나 구원 받는 것을 말하고 새 예루살렘에서는 영생을 누리는 것을 말한다.

하나님과 성도의 관계는 친밀한 부자 관계

계시록 21장 7절을 보면 "이기는 자는 이것들을 상속으로 받으리라 나는 그의 하나님이 되고 그는 내 아들이 되리라"하고 있는데 여기서 이긴자라 하지 않고 이기는 자라 한 것은 5절부터 8절까지가 삽경으로 요한이 계시록을 기록할 때의 시점이기 때문이다.

"이것들을 상속으로(클레로노메오) 받으리라"하고 있는데 여기서 '이것들'은 앞에서 언급된 것으로 새 하늘과 새 땅과 아버지 집(천당)에서 생명수 강물(영생)을 맛보는 것을 의미한다.

"나는 그의 하나님이 되고, 그는 내 아들이(휘오스) 되리라"하고 있는데 이긴자는 새 예루살렘에서 하나님을 아빠라 부르며 살게 될 것이고, 우리는 하나님의 '휘오스'가 될것이라는 말인데 여기서 '휘오스'는 친아들을 말할 때 흔히 쓰는 표현이기에(반드시 그런 것은 아님) 우리가 이기는 신앙생활을 하면 하나님이 친 아들을 삼아 새 예루살렘을 상속으로 줄 것이라는 말이다. 이 부분은 저의 책 계12:5을 반드시 참고하라

관용어적으로 우리가 이 땅에서 새 예루살렘만 생각하며 이기는

신앙 생활인 주님을 사랑하며 충성을(열심) 다하면 새 예루살렘 가서 하나님과 친밀한 부자관계가 된다는 말이다.

둘째 사망인 불 못에 들어갈자

계시록 21장 8절을 보면 "그러나 두려워하는 자들과 믿지 아니하는 자들과 흉악한 자들과 살인자들과 음행하는 자들과 점술가들과 우상 숭배자들과 거짓말하는 모든 자들은 불과 유황으로 타는 못에 던져지리니 이것이 둘째 사망이라"하며 둘째 사망에 들어갈 자들을 열거하고 있는데 이를 한마디로 표현하면 계시록 20장 15절의 생명책에 기록되지 않은 자를 말하며 시기적으로는 지금 요한시점에서 미래적으로 말하고 있는 것이다. 5절부터 본 절까지는 삽경으로 요한 시점에서 미래에 있을 것을 말하고 있다.

"두려워하는 자들"이에 해당하는 헬라어 '데일로이스(믿음없는, 겁난,두려운)'는 핍박과 환난을 두려워해서 신앙을 버린 자들을 말하는데 이들은 둘째 사망에 처하게 된다는 말이다.(마 8:26 ; 13:21 ; 막 4:40).

"믿지 아니하는 자들"이에 해당하는 헬라어는 '아피스토이스(신앙심이 없는,믿지 않는 것)'는 글자 그대로 믿지 않는 불신자들을 가리킨다. 이들 역시 둘째 사망에 처하게 된다.

"흉악한 자들"이에 해당하는 헬라어 '에브델뤼그메노이스'는 우상 숭배와 관련하여 사용된 '브델륏소마이'의 '몹시 싫어하다'의 분사형으로, 도덕적으로 타락하여 더럽게 된 자나 혹은 황제 숭배와 같은 우상 숭배에 참여하여 부정하게 된 자들을 가리킨다(롬 2:22).

"살인자들" 이들은 짐승의 조종 하에 하나님을 대적하고 그리스도께 충성을 다하는 신실한 그리스도인들을 핍박하고 살인한 자들을 가리킨다(계 13:15 ; 행 7:54~59).

"행음자들"이에 해당하는 헬라어 '프로노이스'는 문자적으로 '간음한 남자들'을 의미하나 일반적으로 성적인 범죄를 행한 모든 사람들을 가리킨다.

"술객들" 마술이나 점 등에 빠진 자들이나 우상을 만드는 자들을 가리킨다(계 13:15 ; 행 19:19).

"우상 숭배자들" 앞에서 언급된 '행음자들이나 술객들'이 우상 숭배와 관련이 있음에도 불구하고 특히 본문에서 우상 숭배자들을 다시 언급한 것은 이 죄가 불신자들의 죄중에서 가장 근본이 되기 때문이다. 이들은 유일신이신 하나님을 버리고 하나님의 자리에 거짓된 신들이나 사물을 놓고 숭배하거나(롬 1:23) 짐승을 숭배하는 자들이다.

"모든 거짓말하는 자들"이들은 하나님의 진리를 떠나 거슬러 이

단 사상을 유포하는 거짓 선지자들을 가리킨다(요일 2:21~23 ;3;19 ; 4:6).

"불과 유황으로 타는 못에 던져지리니" 이말의 헬라어는 "엔(안에) 호 림네(연못) 테 카이오메네(타다) 퓌리(불) 카이 데이우(유황)"로 그 뜻은 '불과 유황이 타는 연못 안에'로 타는 에 해당하는 '카이오메네' 는 '불붙이다'를 뜻하는 '카이오'의 현재 수동태 분사 여성 단수 주격 으로 실제로 타는 것을 의미한다. 이 부분은 저의 책 계시록 19장 20 절과 계시록 20장 10절과 계시록 20장 14~15절을 반드시 참고하라

"둘째 사망이라(다나토스)" 이것도 저의 책 계19:20절과 계20:5 절과 계시록 20장 10절과 계시록 20장 14~15절을 참고 하라

관용어적으로 본 절은 요한 시점에서 미래를 말하는 것으로 둘째 사망인 불 못에 들어 갈자들을 나열하고 있다.

아내들의 성인 새 예루살렘

계시록 21장 9절을 보면 "일곱 대접을 가지고 마지막 일곱 재앙을 담은 일곱 천사 중 하나가 나아와서 내게 말하여 이르되 이리 오라 내가 신부 곧 어린 양의 아내를 네게 보이리라 하고"하고 있다.

"일곱 대접을 가지고 마지막 일곱 재앙을 담은 일곱 천사 중 하나

가"하고 있는데 일곱 대접은 이 땅에 임한 마지막 재앙인 일곱 재앙을 담고 있던 일곱 대접을 가리킨다(계16장). 그 일곱 대접은 일곱 천사가 각기 하나씩 맡고 있었는데 본 절의 천사는 그중 하나였다. 한편 이 천사는 앞서 큰 성 바벨론에 관한 환상을 요한에게 보여 주었는데(계17:1) 이제 본장에서는 그것과 대조되는 거룩한 성 예루살렘을 요한에게 보여 주려고 등장하고 있다.

본 절 9절부터 계22장까지 이 일곱 대접을 가지고 있는 천사가 내용을 이끌어 간다. 그러므로 본 절부터 계시록 22장까지는 계17~18장과 같은 시점이다. 왜냐하면 계17:1절과 같이 일곱 대접을 쏟은 것이 아니라 일곱 대접을 가지고 있는 천사가 본 절부터 22장까지 내용을 이끌어가 가기 때문이다. 정확하게 이 환상을 보여준 시점을 말한다하면 그것은 계15:7절이다. 왜냐하면 '담은'이란 말이 '게무사스(게모)'라 해서 아직 담겨져 있는 상태를 말하기 때문이다. 계시록은 앞에서 어떤 한 장면이 빠져 있으면 반드시 뒤에서 오버랩 기법으로 다시 보충 설명하는 형식을 취하였는데 본절도 계15:7절에서 빠져 있는 부분을 다시 오버랩 기법으로 본 절부터 계22장까지도 보충 설명하고 있는 것이다(계17~18장도 역시 계14:8절을 보충 설명하고 있다). 즉 본 절부터는 계15:7절 다음으로 연결되는 장이라 생각하면 된다.

"이리 오라 내가 신부 곧 어린양의 아내를 네게 보이리라"하고 있는데 이 말을 헬라어로 보면 "텐 뉨프헤(신부) 투(곧) 알리우(어린양)

텐 귀나이카(아내)"로 그 뜻은 '신부 곧 어린양의 아내'로 되어있다. 신부가 시간이 지나면 아내가 되는 것이지만 본 절에서 아내인 신부는 새 예루살렘성을 말한다. 그러므로 새 예루살렘성을 이명으로 말하면 아내들이 거하는 성이라 하는 것이다. 더 정확히 말하면 본장 2~4절을 보면 아버지의 집(천당)을 의미한다. 신약성경에서는 성도와 예수님과의 관계를 신랑과 신부로 표현하곤 한다(마25:1~12;막2:19~20;요3:29;고후11:2;엡5:25~27).

이 새예루살렘에 대한 이야기는 저의 책 계3:12절과 계21:2절을 반드시 참고해야 하는데 본 절은 계3:12절의 의미이다.

관용어적으로 새 예루살렘성은 아버지의 집을 말하지만 본 절에서는 아내들의 성으로 말하고 있다.

높은 산에 오른 요한

계시록 21장 10절을 보면 "성령으로 나를 데리고 크고 높은 산으로 올라가 하나님께로부터 하늘에서 내려오는 거룩한 성 예루살렘을 보이니"하고 있는데 본장 9절부터 22장까지는 마지막 일곱 대접을 가진 천사가 성령으로 요한을 데리고(10절) 높은 산에 올라가 새 예루살렘성(21장) 내부를 보여 주며 설명하는 장이고, 계22장은 성 외부를 구경 시켜주며 디테일하게 브리핑하는 장면이 기록되어있다.

"성령으로 나를 데리고"하고 있는데 이 말의 헬라어는 '아페넹켄(아폼헤로=탈취하다.데려가다) 메(나를) 엔(안에서) 프뉴마티(성령)'로 그 뜻은 '성령안에서 나를 탈취해가다'라는 말로 이는 계17:3절의 표현과 똑 같은 표현으로 그때는 성령이 요한을 광야라는 높은 산으로 데리고 가서 바벨론의 실체를 보여 주었다면 본 절은 성령이 요한을 높은 산으로 데리고 가 새 예루살렘의 실체를 보여준 것인데 둘 다 입신상태를 말하는 것이지 실제가 아니다. 왜냐하면 성령이 데리고 가는 것은 입신을 말하기 때문이다.

그런데 여기서 우리가 알아야 할 것이 하나 있는데 그것은 성령님이 어떻게 역사하느냐는 것이다. 본 절을 보면 성령의 역사가 있기 전 천사가의 움직임이 있고, 그 다음 성령이 역사하셨다는 사실이다. 이 부분은 저의 책 "기도 응답은 만들어 받는 것이다"책을 반드시 참고하길 바란다.

"크고 높은 산으로 올라가 하나님께로부터 하늘에서 내려오는 거룩한 성 예루살렘을 보이니"하며 요한이 크고 높은 산에 올라 내려오는 예루살렘을 내려다보았다는 것이다. 이는 실제로 예루살렘이 내려오거나 요한이 높은 산에 오른 것이 아니라 환상적 개념으로 환상이나 꿈에서는 이런 화법이 가능하다. 그런데 이렇게 환상을 보여주신 이유는 바로 11절부터 시작되는 새 예루살렘을 한눈에 내려다보며 디테일하게 브리핑하기 위해서이다. 겔40:2절엔 이 산이 시온산으로 나온다. 그런데 이렇게 요한이 높은 산에 오른 이유는 겔40:2절과 같이 예루살렘 성읍내부를 소개하기 위해서인 것이다. 그러므로 다음 절 부터는 새 예루살렘 성읍이 자세히 설명 될 것이다.

그런데 2절에서도 역시 새 예루살렘이 내려 왔는데 본 절에서도 내려오고 있는데 2절에서는 아버지의 집(천당)으로 소개를 하고 있고, 본 절에서는 신부들의 성으로 신부 맞을 준비가 다 되어 있는 성으로 소개하고 있다.

관용어적으로 높은 산에 오른 이유는 높은 곳에서 한눈에 그 내부를 보며 그 내부를 자세히 설명하기 위해서이다. 새 예루살렘이 내려온 이유는 저의 책 계3:12절을 반드시 참고하라.

하나님의 영광이란

계시록 21장 11절을 보면 "하나님의 영광이 있어 그 성의 빛이 지극히 귀한 보석 같고 벽옥과 수정 같이 맑더라"하고 있는데 본 절 부터는 높은 산에 오른 요한이 새 예루살렘 내부를 본 것을 소개하고 있다.

"영광이(독사)있어"하고 있는데 새 예루살렘에는 하나님의 영광이 있다고 했는데 이 영광은 구약 지성소에 임했던 하나님의 빛인 '쉐키나'의 빛을 말하는데(겔1:28), 본장 23절을 보면 하나님 자체를 빛이시라 하는데 이 빛을 다른 말로 영광이라 하는 것이다. 그러므로 본 절의 영광이란 찬양의 의미가 아닌 실제 하나님의 빛을 말하는 말이다. 그런데 새 예루살렘성엔 바로 이 하나님의 빛이(영광) 있더라는 (임재) 것이다. 이 영광 부분은 저의 책 계시록 1장 6절을 반드시 참고하기 바란다.

"그 성의 빛이(프로스텔) 지극히 귀한 보석 같고(리도스 티미오스)"하고 있는데 여기서 빛은 '포호스'가 아닌 빛을 받아 반짝 반짝이는 '프로스텔'로 되어있다. 이는 새 예루살렘 빛은 스스로 빛을 내는 것이 아니라 하나님의 빛을 받아 반짝이는 빛이라는 것이다(본장 23절). 영광의 빛이 얼마나 찬란하게 비치는지 마치 그 성이 보석의 빛 같이 빛났다는 것이다.

"벽옥과 수정같이 맑더라" 이는 하나님의 본성에 대한 관용어인 동시에 또한 하나님의 빛의(영광) 색을 말하는 말이다. 이 부분은 저의 책 계4:2~3절과 계4:6절을 반드시 참고하기 바란다.

관용어적으로 본 절의 영광이란 찬양이 아닌 실제로 하나님의 빛을 말하고 새 예루살렘은 이 빛을 받아 반짝이는 성이다.

새 예루살렘이 12도로 나누어진다.

계시록 21장 12절을 보면 "크고 높은 성곽이 있고 열두 문이 있는데 문에 열두 천사가 있고 그 문들 위에 이름을 썼으니 이스라엘 자손 열두 지파의 이름들이라"하고 있다.

"크고 높은 성곽이 있고" 요한이 본 새 예루살렘성은 성곽(성벽)은 크고 높은 성벽인데 벽옥으로 되어 있고, 열 두문이 있는데 문마다 천사가 지키고 있고, 그 문들 위에는 문패로 이스라엘 12지파의 이름이 새겨져 있다고 한다. 바울의 계시록에 보면 이 성벽은 12겹으로 되어 있다고 나온다.

"이스라엘 자손 열두 지파의(휠레) 이름들이라"하고 있는데 여호수아서를 보면 가나안 입성 후 땅 분배가 이루어졌는데 겔47:13절을 보면 이 땅 분배가 새 예루살렘에서의 땅 분배를 상징하는 것으로 나온다. 겔48:1절 이후 땅 분배는 여호수아를 통해 분배 받은 지역이 아닌 새 예루살렘 땅이 분배 되는 것을 설명하고 있는 것이다. 즉 에스겔을 통해 땅 분배가 새로 이루어진다는 말이다.

또한 에스겔 48장 8절을 보면 출애굽때처럼 성막중심으로 이스라엘 12지파가 포진했던 것 같이 새 예루살렘에서도 역시 성전중심으로 새롭게 땅이 분배된다는 것이다. 성전중심으로 새 예루살렘에서 12지파의 땅이 재분배 된다는 말은 결국 천당도(새 예루살렘) 하나님을 중심으로 천당 생활이 이루어진다는 말이다. 에스겔 48장 21절을 보면 이때 유다와 베냐민 지파는 성전 바로 주변을 분배 받으나 단과 갓 지파는 북쪽 끝을 분배 받는다고 나온다. 다시 말해 새 예루살렘이 12지파로 나누어진다는 말이다. 이는 마치 우리나라가 팔도로 나누어진 것 같이 천당도 열두도로 나누어진다는 말이다.

관용어적으로 본 절은 새 예루살렘(천당)에서 다시 땅 분배가 이루어 진다는 말과 또한 성전이신 하나님 중심 생활을 하게 된다는 말이다.

동서남북에 있는 새 예루살렘 문

계시록 21장 13절을 보면 "동쪽에 세 문, 북쪽에 세 문, 남쪽에 세 문, 서쪽에 세 문이니"하고 있는데 이 말은 성문이 동서남북으로 위치해 있는데 그 동서남북 문마다 세 개씩 문들이 있다는 것이다.

에스겔 48장 29~35절을 보면 동서남북에 각각 세문이 있다고 나오는데 그 지파의 문들은 동문에는 요셉문, 베냐민문, 단문이 있고, 북문에는 르우벤문, 유다문, 레위문이 있고, 남문에는 시므온문, 잇사갈문, 스불론문이 있고, 서문에는 갓문, 아셀문, 납달리문이 있다고 나오고 또한 새 예루살렘의 크기는 본장 16절과 같이 역시 정사각형으로 되어 있다고 나온다.

관용어적으로 동서남북으로 각각 세 개씩 문들이 있다는 말은 새 예루살렘은 누구나 들어 올수 있다는 말이며 동시에 누구나 들어 올 수 없다는 뜻이다.

성벽은 12사도의 이름이 새겨짐

계시록 21장 14절을 보면 "그 성의 성곽에는 열두 기초석이 있고 그 위에는 어린 양의 열두 사도의 열두 이름이 있더라"하고 있다.

앞의 12~13절은 예루살렘 성의 성벽이 동서남북으로 각각 세 개씩 문들이 있었고, 그 문들의 문패에는 열두 지파의 이름이 새겨져 있다고 했는데 본 절은 이 성벽(성곽)의 대들보와 같은 기초석에 관한 이야기로 성벽에도 기초석이 있는데, 그 기초석은 본장18절 부터 20절을 보면 12보석으로 되어 있는데, 그 보석마다 12사도의 이름이 새겨져 있다고 나온다. 이렇게 새 예루살렘은 12지파의 문과 12사도라는 성벽의 기초로 건축된 24장로들을 터전으로 세워진 도시인 것이다. 그런데 이렇게 24장로의 터전위에 새 예루살렘이 건축되었다는 것은 신구약 성도가 하나라는 뜻이며 또한 새 예루살렘은 신구약 성도들의 도시라는 뜻이다. 24장로에 대하여 자세히 알고 싶으시면 저의 책 계 4:4절을 참고하길 바란다.

관용어적으로 새 예루살렘은 24장로의 터전위에 새워진 도시이다.

새 예루살렘의 성벽을 측량한 이유

계시록 21장 15절을 보면 "내게 말하는 자가 그 성과 그 문들과 성곽을 측량하려고 금 갈대자를 가졌더라"하고 있는데 본 절부터 17절까지에 나타난 거룩한 성 예루살렘의 척량은 에스겔 40장 3절 이후에 나타나는 새 성전 척량을 배경으로 하고 있다. 이는 천년왕국때 세워질 새 성전에 대한 설계도이며 동시에 천당에 세워질 새 예루살렘 성전이 세워질 것을 예고하는 것이다.

"내게 말하는 자가"하고 있는데 이 천사는 일곱 대접재앙을 가지고 있는 9절의 천사를 가리킨다. 그런데 그가 금 갈대(자)를 가지고 사람의 측량법에 의해 새 예루살렘성인 아버지집을 측량 하고 있다(측량은 본장17절을 참고하기 바란다).

"금 갈대자"를 가지고 새 예루살렘을 측량했다고 하는데 여기서 금이란 거룩하고, 아름답고, 귀하고, 변화지 않는 속성을 상징하는 것으로 이렇게 금 갈대자로 측량했다는 것은 그 측량이 거룩하고 아름답고 완전한 측량이었다는 것을 말해주는 것이다.

관용어적으로 계시록 11장 1절의 측량이 보호를 말한다면 본 절의 측량은 하나님과 함께 누릴 장소의 측량으로 그 곳에 들어가는 자들이 누리게 될 영광(유복성)과 축복을 다루기 위해 측량한 것이다.

새 예루살렘의 크기와 천국과 천당은 완전히 다른 곳이다.

계시록 21장 16절을 보면 "그 성은 네모가 반듯하여 길이와 너비가 같은지라 그 갈대 자로 그 성을 측량하니 만 이천 스다디온이요 길이와 너비와 높이가 같더라"하고 있는데 여기서 한 스타디움은 축구

장 크기인 185미터를 말함으로 새 예루살렘 성을 측량해 보면 한 변의 길이가 약2.200킬로 미터인 정사각형으로 되어 있는 작은 나라이다. 혹자들은 이것을 보고 천국이 작기에 상징적인 크기라 하지만 본장17절을 보면 이는 사람의 자로 잰 실제 크기로 나온다. 그러므로 이는 천국전체를 말하는 것이 아니라 아버지집인 새 예루살렘성만 말하는 것으로 결코 작은 것이 아니다. 우리는 천당인 새 예루살렘과 천국이 같은 곳으로 생각하는데 천국과 천당은 전혀 다른 곳이다. 그 다른 이유를 설명하자면 다음과 같다.

첫째로 천당과 천국은 창조 시기(건설시기)시기가 각각 다르다. 천국이 천사가 창조될 때 천사와 함께 창조된 곳이라면 새 예루살렘(천당)은 새 하늘과 새 땅이 창조될 때 창조된 곳이다. 어기스틴은 천국이 창조되면서 시간이 창조되었다고 했다.

둘째로 천국이 2.200킬로면 천국이 너무 작아 천국이 우주영계보다 작게 된다. 그러므로 2.200킬로란 천당인 새 하늘과 새 땅만 의미하는 장소인 것이다. 행전7:49절을 보면 하나님은 우주를 보좌 삼고, 땅을 발등상(발판. 발을 올려놓는 쿠션) 삼고 계신다고 하고 있는데 만약 천국이 2.200킬로 밖에 안 되면 우주 전체가 보좌(임금의 의자)밖에 안 되고 땅이 주님의 발을 놓는 쿠션밖에 안되는데 그렇다면 천국이 주님의 발도 놓지 못하는 작은 곳이 된다는 말이 되는 것이다. 그러므로 이는 천국이 아닌 천당을 말하는 곳이다. 천당은 천국의 노른자위이며 하나님의 성전이 있는 곳이며 하나님의 보좌가 있는 곳이다.

셋째로 천당인 새 예루살렘은 1절의 '카이논'이라 해서 이는 최근에 질적으로 전혀 새롭게 창조된 곳을 말한다.

넷째로 요한복음 14장 2절과 계시록 15장 8절을 보면 현재까지 아무도 들어간 자가 없다고 했지만 우리가 죽으면 천국안에 있는 낙원에 가기에 천국은 현재 들어갈 수 있는 장소이다. 그러므로 천국과 천당은 완전히 다른 곳이다.

다섯째로 이스라엘이라는 나라가 있고 수도인 예루살렘이 있는 것 같이 하늘나라도 나라인 천국이 있고, 수도인 새 예루살렘이 있는 것이다

관용어적으로 천당과 천국은 완전히 다른 곳으로 천당은 천국이라는 나라의 수도이다. 본 절은 천당만 설명하고 있다.

천사가 측량한 자는 사람의 자이다.

계시록 21장 17절을 보면 "그 성곽을 측량하매 백사십사 규빗이니 사람의 측량 곧 천사의 측량이라"하며 성벽의 두께가 144규빗이라 하는데 한규빗이 45.6센티 이므로 결국 성벽의 두께는 65.6미터로 된 정사각형으로 2.200킬로로 되어있다는 말이다. 바울의 계시록

을 보면 이 성벽이 12겹으로 되어있다고 나온다.

한편 '사람의 측량 곧 천사의 측량이라'는 말은 천사가 측량한 치수가 특수한 방법에 의한 계산된 치수가 아니라 사람이 측량하는 것과 동일한 방법으로 계산되었다는 말로 이렇게 일곱 대접을 가지고 있는 천사가 측량한 측량이 사람의 측량과 같다는 말은 독자들이 상징적인 숫자로 계산 해석할까봐 이는 상징이 아닌 실제적임을 강조하기 위해 사람의 측량과 같다고 말하고 있는 것이다.

관용어적으로 천사의 측량과 사람의 측량이 같다는 말은 이는 실상이지 상징적인 측량이 아니라는 뜻이다.

성벽과 성내에 대하여

계시록 21장 18절을 보면 "그 성곽은 벽옥으로 쌓였고 그 성은 정금인데 맑은 유리 같더라"하며 성벽은 벽옥으로 벽돌을 쌓았고, 성은 유리 같이 맑고 깨끗한 황금으로 건축된 황금 성전으로 되어있다는 말이다.

본 절부터 21절까지는 새 예루살렘 성(천당)을 쌓은 재료가 열거되고 있다. 그 재료는 이 세상에서 가장 고귀하고 좋은 것들로서 이 보석들은 하나님 나라에서 하나님과 함께 거하게 된 성도들이 이 보석들처럼 존귀하게 되었음을 말해주는 것이다.

"그 성곽은 벽옥으로 쌓였고"하고 있는데 이 말의 헬라어는 '엔도메시스(건축.건물), 투 테이쿠스(벽) 아우테스 이아스피스(벽옥.푸른옥)'로 그 뜻은 '그 벽은 벽옥으로 건축되었고'라는 말로 벽옥은 녹색옥으로 하나님의 위엄과 거룩하신 속성을 상징하는 것인데 이는 이곳에 들어온 성도들이 예수님의 피로 거룩하게 된 자들로 이들은 또한 벽옥과 같은 존재들이라는 뜻이다.

"그 성은 정금인데 맑은 유리 같더라"하고 있는데 이 말의 헬라어는 '카이 헤 폴리스(도시) 크루시온(금) 카다론(깨끗한.정결한), 호모이아(유사한.같은) 휘알로(유리) 카다로(카다로스=깨끗한)'로 그 뜻은 '그 성은 정결한 금인데 깨끗한 유리 같더라'는 말로 여기서 황금은 하나님의 불변과 고귀함을 말하고, 유리는 순결함을 말하는 것으로 하나님은 거룩하시고, 불변하시고, 순결하시다는 것을 말해주는 동시에 이곳에 들어온 성도들은 예수님의 피를 믿어 금 같은 믿음을 가진 성도들이며 동시에 금 같은 존재들이라는 뜻이다.

관용어적으로 새 예루살렘의 성벽은 벽옥으로 된 벽돌로 건축되었고, 새 예루살렘 성 내부는 유리처럼 맑고 깨끗한 순금으로 건축된 황금의 도시며 또한 이런 보석들은 하나님의 속성을 말해주는 동시에 이곳에 들어온 성도들의 속성을 말해 주고, 천당에서 이들이 보석 같은 존재라는 것을 말해주는 것이다.

열두 기초석은 열두 보석으로 되어있다.

계시록 21장 19절을 보면 "그 성의 성곽의 기초석은 각색 보석으로 꾸몄는데 첫째 기초석은 벽옥이요 둘째는 남보석이요 셋째는 옥수요 넷째는 녹보석이요"하고 있는데 여기서 기초석은 14절 제자들의 이름이 새긴 기초석을 말하는데, 그 기초석이 열두 보석으로 되어있다는 것이다. 또한 이 12제자들의 이름이 새겨진 기초석위에 벽들로 성곽을 올렸는데 그 벽돌색이 벽옥이었다고 18절에 나온다.

보석이란 관용어적으로 속성을 말하는 것인데 성벽의 기초가 열두 보석으로 되어있다는 것은 열두 제자가 전한 복음을 말하는 것이다. 저는 순복음 교회 목사이다. 순복음이 오중 복음(중생, 성령, 신유, 축복, 재림)과 삼중 축복(영혼, 범사, 건강)이라는 속성을 가진 것같이 열두 제자들은 이 땅에서 열두 복음을 전했다는 말이다. 이 복음의 터전 위에 우리 기독교가 선 것이다. 참고로 말씀 드리면 루터교의 속성이 이신칭의라면, 천주교의 속성은 이신행위이고, 장로교의 속성은 예정론이다.

"첫째 기초석은 벽옥이요"이 보석은 대 제사장의 흉배에 납달리지파를 상징하는 보석으로 계시록 4장 3절을 보면 이는 곧 하나님을 상징하는 보석으로 이는 제자들이 하나님에 대한 복음인 천국 복음을 전했다는 말이다. 벽옥에 해당하는 제자는 베드로가 아닐까 한다.

"둘째는 남보석이요"이 보석은 대제사장의 흉배에 시므온지파를 상징하는 보석으로 남보석은 히브리어 사파이어에서 유래가 되었는데 고대 사람들은 유리를 사파이어로 보았고 유리를 보석으로 보아 왕관에 장식하기도 했다. 남보석은 곧 유리를 말하는 것이다. 유리는 하나님 앞에 숨길 것이 없이 밝히 드러남을 의미하기에 이는 회개의 복음을 말하는 것으로 제자들이 회개의 복음을 전했다는 뜻이다. 남보석에 해당하는 제자는 바울이 아닐까 한다.

"셋째는 옥수요" 이 보석은 놋쇠, 구리에서 유래되었기에 계시록 1장 15절을 보면 구리 발은 심판을 상징하기에 이는 곧 종말의 복음을 말하는 것으로 이는 제자들이 종말의 복음을 전했다는 말이다. 옥수에 해당하는 제자는 요한이 아늘까 한다.

"넷째는 녹보석이요(계 4:3)" 이 보석은 대제사장의 흉배에 단지파를 상징하는 보석으로 청보석이라고도 하며 애머랄드라고도 하는 보석으로 은혜와 자비를 상징함으로 이는 은혜의 복음을 말함으로 이는 제자들이 곧 은혜의 복음을 전했다는 말이다. 녹보석에 해당하는 제자는 야고보가 아닐까 한다.

관용어적으로 열두 기초석의 보석에 제자들의 이름이 새겨져 있는데 이는 열두 제자가 열두 보석의 복음을 전한 것을 말하며 동시에 우리가 열두 복음을 전해야 함을 말하고 있는 것이다. 또한 성도들도 이 땅에서 열두 보석을 전했으며 이렇게 열두 보석을 전한 자들이 천당(새 예루살렘)에 들어 왔다는 말이다.

열두 제자를 상징하는 보석들

계시록 21장 20절을 보면 "다섯째는 홍마노요 여섯째는 홍보석이요 일곱째는 황옥이요 여덟째는 녹옥이요 아홉째는 담황옥이요 열째는 비취옥이요 열한번째는 청옥이요 열두째는 자수정이라"하고 있는데, 19절에 이어 20절에도 성벽의 주춧돌에 대한 이야기로 혹자는 이 주춧돌의 보석이 대제사장의 흉패를 상징한다고 하지만(출 28:17~20) 본장 14절을 보면 이 주춧돌은 12사도의 이름이 새겨져 있다고 함으로 결국 이 보석들은 12사도의 속성 즉 12사도의 사역을 말하고 있는 것이다.

"다섯째는 홍마노요"하고 있는데 이 말의 헬라어는 '살도늭스(홍마노)'로 출28:18절에서는 금강석인 다이아몬드로 해석하고 있는데 대제사장의 흉배에서는 갓지파를 상징한다. 이 보석은 '마노'중에서 으뜸인 보석인데 '마노'는 보석의 일종으로 헬라어 손톱이라는 뜻의 '오늭스'에서 유래한 것으로 그 모양이나 색깔이 손톱과 비슷해서 명명되었다고 한다. 이 보석은 대체로 살색이나 핑크색을 띠고 있으며 그 중 홍마노는 붉은색을 띠고 있다. 이렇게 손톱에서 유래가 되었기에 이는 권능과 능력이 손에서 나오는 '케일'을 의미하기에 이는 능력의 복음을 말함으로 이는 곧 제자들이 권능을 행하며 복음을 전했다는 뜻이다. 홍마노요에 속한 제자는 베드로, 바울, 요한외에 12제자 중 하나일 것이다.

'여섯째는 홍보석이요' 하고 있는데 이는 이 보석은 대 제사장의 흉배에 유다 지파를 상징하는 보석으로 계시록 4장 3절에서는 하나님의 심판과 진노를 상징하기에 이는 심판의 복음을 말함으로 이는 곧 제자들이 백보좌 심판의 복음을 전했다는 말이다. 홍보석에 속한 제자는 베드로, 바울, 요한외에 12제자중 하나일 것이다.

"일곱째는 황옥이요" 하고 있는데 이 말에 해당하는 헬라어는 '크뤼솔리도스'로 이 말은 황금이라는 말 '크뤼소스'와 '돌'이라는 말 '리도스'의 합성어이다. 이 복석은 황금과 같은 색을 띠고 있기에 황옥이라 불리이워 졌는데 다른 이름으로는 금돌이라고도 한다. 이 보석은 대제사장의 흉배에서는 잇사갈 지파를 상징하는 보석으로 '금'에서 유래가 되었기에 금은 부와 거룩함과 불변을 상징하기에 이는 하나님의 축복은 변하지 않음으로 축복의 복음을 말하는데 이는 제자들이 곧 축복의 복음을 전했다는 말이다. 황옥에 속한 제자는 베드로, 바울, 요한외에 12제자중 하나일 것이다.

"여덟째는 녹옥이요" 하고 있는데 이 말에 해당하는 헬라어는 '베륄로스'로 이 보석은 녹색의 구술로 다른 말로 녹주석이라고 하는데 넷째 보석인 녹보석과 비슷한 것으로 녹보석의 변종이라 한다. 이 보석은 대제자상의 흉배에서는 스블론 지파를 상징하는 보석으로 성경에서는 본 절에 단 한번 나오는 보석으로 녹색은 신앙, 불멸, 희망, 성결, 생명, 영원한 젊음, 애정과 같은 소망을 상징하는 복석으로 이는 소망의 복음을 말하는 것으로 이는 곧 제자들이 소망의 복음을 전했다는 말이다. 녹옥에 속한 제자는 베드로, 바울, 요한외에 12제자중 하나일 것이다.

"아홉째는 담황옥이요"하고 있는데 이 보석은 홍해 '도파즈'라는 섬에서 처음 발견되어 헬라어로 '토파지온'이라 불리워지는데 그 뜻은 '귀감람석, 담황옥, 보석'이란 뜻을 가지고 있는데 이 보석은 어질고 착함을 상징하는 양선의 복음을 말함으로 이는 곧 제자들이 어질고 착한 행위인 통용(코이노스)의 복음을 전했다는 말이다. 담황옥에 속한 제자는 베드로, 바울, 요한외에 12제자중 하나일 것이다.

"열째는 비취옥이요"하고 있는데 이 보석은 '황금'이라는 말인 '크뤼소스'와 리이크 나무를 일컫는 '프라손'을 합성한 말로 '퀴뤼소프라소스'라는 복석인데 이 보석도 본문에만 나오는 보석으로 녹색의 금이라는 뜻을 가지고 있는데 이 보석에서 빛이 비춘다해 해서 비취옥이라 한다. 이 보석은 절제를 뜻하는 보석으로 성도가 예수님의 빛을 비추며 살기 위해서는 절제가 필요한 것 같이 이는 절제의 복음을 말하는 것으로 이는 제자들이 절제의 복음을 전했다는 뜻이다. 비취옥에 속한 제자는 베드로, 바울, 요한외에 12제자중 하나일 것이다.

"열한번째는 청옥이요"하고 있는데 이에 해당하는 헬라어는 '휘아킨도스'로 이는 지크론의 변종으로 사파이어(푸르고 투명한 빛을 띠는 강옥석의 하나)와 유사한 보석이라 한다. 이 보석은 대제상의 흉배에서는 르우벤지파를 상징하는 보석으로 출애굽기 24장 10절에도 나오는데 청옥은 단단하기에 있어서는 다이아몬드 다음이고, 아름다움과 광체에 있어서는 타의 추종을 불허하는 푸른 색, 붉은 색, 흰 색, 자주색 등 다양한 색을 띠는데 이는 순결'을 상징하는 보석으로서 순결한 복음을 상징한다. 이는 곧 제자들이 성결의 복음인 거룩하고 깨끗한 삶을 살아야 함을 전했다는 말이다. 청옥에 속한 제자는 베드로, 바울, 요한외에 12제자중 하나일 것이다.

"열두째는 자수정이라"하고 있는데 이 보석은 헬라어로 "아메뒤스토스"인데 이 단어는 '술 취하다'는 뜻의 '메뒤오' 부정 접두사 '아'가 합성된 단어이다. 따라서 이 이름을 해석하면 술 취하지 않은 돌이라는 의미이다. 아마도 이 보석은 몸에 지니면 술에 취하지 않게 하는 어떤 효능이 있었던 것 같다. 그러나 오늘날에는 전혀 발견되지 않고 있다. 이 보석은 대제장의 흉배에서는 베냐민 지파를 상징하는 보석으로 보라색을 띈다고 해서 자수정이라 하는데 자수정은 앞에서 언급했던 것 같이 헬라어 술 취하지 말라에서 유래되어 흥분을 예방하는 보석이라 한다. 북이스라엘과 남유다 망한 이유를 술 취한 것 같은 생활을 했기 때문인데 자수정은 바로 이렇게 흥분된 삶을 살지 말고 온유한 삶을 살으라 해서 온유의 복음을 말한다. 온유란 포용과 보복하지 않고, 지고, 손해보고 사는 삶을 말하는 것으로 제자들이 이 온유의 복음을 전했다는 말이다. 자수정에 속한 제자는 베드로, 바울, 요한외에 12제자중 하나일 것이다.

관용어적으로 열두 제자들을 상징하는 보석은 열두 제자가 전한 복음을 말하는 것이며 또한 우리도 이 열두 가지 복음을 전해야 함을 말하는 동시에 천당(새 예루살렘)에 들어온 성도들은 이런 보석과 같은 대우를 받게 된다는 말이다.

진주에 대한 관용어

계시록 21장 21절을 보면 "그 열두 문은 열두 진주니 각 문마다 한 개의 진주로 되어 있고 성의 길은 맑은 유리 같은 정금이더라"하고 있고, 마13:45~46절을 보면 "또 천국은 마치 좋은 진주를 구하는 장사와 같으니, 극히 값진 진주 하나를 만나매 가서 자기의 소유를 다 팔아 그 진주를 샀느니라"하고 있는데 마13장에서 천국은 관용어적으로 예수님을 말함으로 곧 예수님은 좋은 진주를 구하는 장사라는 말이다.

그런데 여기서 진주는 조개에서 추출된 천연의 보석으로 장신구나 미술 공예품으로 사용되었다. 당시 진주는 아라비아해안과 지중해와 페르시아만과 인도양 등지에서 채취 되었는데 그중 가장 귀한 진주는 페르시아만과 인도양에서 채취한 것으로 여기서 채취한 진주는 매우 희귀한 보석으로 여겨 엄청난 가격을 지불하고도 구하기가 쉽지 않아 왕족이나 특별한 귀족이 아니고는 구경조차 하기 어려웠다고 한다.

성경에서 진주는 아주 희귀한 보석이라 천국의 아름다움을 묘사하는 상징물로 사용되어, 천국이 열두 진주문으로 되어있다고 하며 천국의 아름다움을 극찬하는데 비유되고 있다(계21:21).

　성경에서 진주는 구하기 어려운 아주 값비싼 보석이며 아름답기에 관용어적으로 거룩하고, 고결하고(성품이 고상하고 깨끗함), 고귀한 것을 표현할 때 쓰였다(마7:6;잠3:15). 그러므로 마13:45~46절을 정리하면 예수(천국)님은 페르시아만에서 채취한 값진 진주를 구하는 장사인데 만나기 어려운 그 진주를 만나자 자기 소유를 다 팔아 그 진주를 샀다고 하는데 여기서 진주는 우리 성도를 말하고, 소유를 다 팔았다는 것은 십자가에서 죽음을 말하는 말로 우리가 말하길 '하나님이 우리 영혼을 천하보다 귀하게 여긴다'고 하는데 바로 이 말이 본 절에서 유래된 것이다. 다시 말해 예수님은 값진 진주인 우리를 구원하기 위해 자신을 십자가에 내어 주고 결국 값진 진주인 우리(천하)를 구원했다는 것이다

　"그 열두 문은 열두 진주니 각 문마다 한 개의 진주로 되어 있고 성의 길은 맑은 유리 같은 정금이더라"하고 있는데 이는 천당(새 예루살렘)으로 들어가는 열 두 개의 성문이 각각 하나의 거대한 진주로 되어 있고, 성의 거리는 맑은 유리 같은 순금으로 되어 있는 순금 길이라는 말이다.

　"진주니" 진주는 당시 돈이 있어도 살수 없는 보석으로 이는 부요와 풍요를 상징하는 관용어로 천당은 상상을 초월하는 부요와 풍요가 넘치는 곳임을 말해주는 말이다.

"정금이더라"하고 이는데 정금은 순도 100%를 말하는 것으로 흠도 점도 없는 완벽한 순결함과 거룩함과 불변함을 말하는 관용어로 이는 천국의 부요함과 풍요로움을 상징하는 말이다.

관용어적으로 천당인 새 예루살렘은 이 땅에서는 돈을 주고도 살 수도 없었던 것들이 즐비한 부와 풍요로움이 넘치는 곳이라는 것이다. 그런데 이런 곳에서 우리 성도들이 영원히 영생을 하게 된다는 말이다.

성전이 없는 이유

계시록 21장 22절을 보면 "성 안에서 내가 성전을 보지 못하였으니 이는 주 하나님 곧 전능하신 이와 및 어린 양이 그 성전이심이라" 하며 새 예루살렘에서의 성전은 하나님과 예수님이라 말하고 있다. 그래서 제가(오흥복) 성전에서 천사가 나오면 미션(임무) 받은 천사가 나오는 것으로 말했고, 음성(말)이 나오면 미션이 떨어지는 것으로 말했던 것이다. 왜냐하면 성전 되신 하나님과 예수님으로부터 보냄을 받았기 때문이다.

"성(새 예루살렘) 안에서 내가 성전을(나오스) 보지 못하였으니"하고 있는데 이렇게 새 예루살렘에 성전이 없는 이유는 성전은 구약에서 죄 사함 받는 장소인데 천국에는 죄가 없음으로 성전이 필요 없는 것이며 또한 성전은 하나님을 만나는 장소인데 천당에서는 하나님을 자유롭게 만나기에 성전이 필요 없는 것이다.

"하나님 곧 전능하신(판토클라톨) 이와 및 어린(알니온) 양이 그 성전이심이라"하고 있는데 성전이란 하나님의 임재(진짜 계신 것)가 있는 곳이다. 그러므로 하나님이 성전 되신다는 말은 결국 하나님 속에 성도들이 진짜 거하게 된다는 말이다. 이를 겔48:35절에서는 '여호와께서 계시는 성'란 뜻으로 '여호와 삼마(거기에)'라 불렀다. 즉 성전 안에 우리가 실제로 있게 된다는 말이다.

관용어적으로 성전은 죄사함 받기 위해 필요한 곳이며 또한 하나님과 만나기 위해 필요한 곳인데 천당은 죄가 없는 곳이기에 성전이 필요 없고 매일 하나님 속에 있기에 매일 만남이 이루어지기에 성전이 필요 없는 것이다.

천당에서 햇빛과 달빛이 필요 없는 이유

계시록 21장 23절을 보면 "그 성은 해나 달의 비침이 쓸 데 없으니 이는 하나님의 영광이 비치고 어린 양이 그 등불이 되심이라"하고 있는데 본 절은 이사야 60장 19~20절의 하나님이 빛이 되심에 대한 것을 관용어적으로 반영한 것이다(계 22:5). 반영이라는 말의 뜻을 자세히 알려면 저의 책 계시록 10장 9절을 참고하라

'이는 하나님의 영광이 비치고 어린 양이 그 등불(뤼크노스)이 되

심이라'하고 있는데 여기서 "하나님의 영광이 비치고"라는 말의 헬라어는 '독사(영광) 투 데우(하나님) 엡헤티센(프호티조=밝게하다.조명하다)'로 그 뜻은 '하나님의 영광이 밝게 할 것이다'라는 말로 여기서 영광(독사)은 구약 지성소에 임했던 하나님의 빛인 '쉐키나'의 빛을 말한다(겔1:28). 이 부분은 저의 책 계1:6절과 본장 11절을 반드시 참고하기 바란다.

이는 천당에서는 하나님의 빛인 영광이 햇빛을 대신하게 될 것이며, 예수님의 등불이 밤의 달빛을 대신 할 것이라는 말로 이는 천당에는 이 땅의 어떤 빛도 필요 없다는 것을 관용어적으로 표현한 것이지 천당에 등불이 있다는 뜻이 아니다. 단지 이 땅에 햇빛과 달빛이 있어 밤낮 비추는 것 같이 천당은 24시간 하나님과 어린양의 두 빛으로 밤낮이 없는 곳이라는 것을 비유적으로 표현한 것뿐이다.

관용어적으로 천당에서 햇빛과 달빛이 필요 없는 이유는 하나님의 영광이 햇빛을 대신하고 예수님의 등불이 달빛을 대신하기 때문이라는 것이다.

새 예루살렘에 들어가려면(소조 구원과 소테리아 구원의 차이)

계시록 21장 24절을 보면 "만국이 그 빛 가운데로 다니고 땅의 왕들이 자기 영광을 가지고 그리로 들어가리라"하고 있는데 여기서 '그리로 들어가리라'는 말의 헬라어 '페루신(도달하다.돌진하다)'은 미래

시재가 아닌 현재시재로 되어있다. 한글 개정 성경에는 미래시재로 되어 있지만 원어에서는 현재시재로 되어있다. 이는 요한 시점에서 미래에 천당에 들어가려면 자기 영광인 공로가 있는 자만 실제로 들어갈수 있다는 것을 말하고 있는 것이다.

그러므로 이 말은 이들이 지금 현재 새 예루살렘에 진짜 들어가 거니는 것을 말하고 있다.

"만국이 그 빛 가운데로 다니고" 이 말의 헬라어는 '카이 타 에드네(이방인) 톤 소조메논(소조=공로구원) 엔(안에) 토 프로티(프호스=빛) 아우테스(3인칭=그의.도성) 페리타테수신(페리파테오=주위를 걷다)'로 그 뜻은 '구원 받은 이방인들이 그 도성의 빛 안에 거닐고'라는 말로 여기서 빛은 23절의 하나님의 영광의 빛을 말한다. 여기서 만국이란 이방인을 포함한 공중 재림에 참여한 모든 성도를 말하고(계 7:9), 구원이란 '소조' 구원으로 이는 예수 믿고 공로로 구원 받은 것을 말하는 말로 이는 이들이 예수 믿고 공로로 지금 천당에 들어왔다는 말이다. 물인 예수님만 믿으면 구원을 받기는 하는데 이 구원은 영혼만 구원받아 천국에 가는 '소테리아' 구원만 받는다. 그러나 천국의 노른자위인 천당(새 예루살렘)은 '소조'구원 즉 예수 믿고 공로가 있어야 가는 곳이다. 그런데 이 이방인들은 지금 소테리아 구원과 소조 구원을 다 받은 것이다. 그래서 이들은 지금 천당(새 예루살렘)에서 거닐고 있는 것이다. 그러므로 우리는 소테리아 구원과 소조 구원을 다 받아야 하는 것이다.

본절에서 "땅의 왕들이 자기 영광을 가지고 들어가리라"하고 있는데 이 말의 헬라어는 "카이 호이 바실레이스(왕) 테스 게스(땅) 페루신(들어가다) 텐 독산(영광) 카이 텐 티멘(티메=댓가.값) 아우톤(3인칭=그 들에게.성) 에이스(향하여) 아우텐(3인=그를=성)"로 그 뜻은 '그리고 땅의 왕들이 새 예루살렘에 영광과 댓가를 가지고 들어갔다'라는 말로 여기서 땅의 왕들이란 계18:9절의 왕들로 후 삼년반에 바벨론 멸망을 보고 회개하고 돌아와 순교 당했다가 첫째 부활에 참여한 왕들을 말한다. 즉 이들은 순교라는 자기 영광(공로)을 가지고 천당에 들어갔다는 말이다.

관용어적으로 여기서 만국은 역사적으로 공중 재림 참여한 모든 성도를 말하는 말이고, 왕들은 후 삼년반에 바벨론 멸망을 보고 회개하고 돌아와 순교 당한후 첫째 부활에 참여한 왕들을 말한다. 또한 천국은 영혼구원인 소테리아 구원을 받은 자들이 가는 곳이고, 천당은 소테리아와 소조 구원받은 자들이 공로를 가지고 들어가는 곳이다.

성문을 닫지 아니하리니

계시록 21장 25절을 보면 "낮에 성문들을 도무지 닫지 아니하리니 거기에는 밤이 없음이라"하고 있는데 이는 이사야 60장 11절 안전하다는 의미를 관용어적으로 반영한 말이다.

"낮에 성문들을(퓔론) 도무지 닫지(칼레이오) 아니하리니"하고 있는데 모든 성문에는 문빗장이 있어 낮에는 개방하고 밤에는 적들과 강도의 침입을 막기 위해 봉쇄하는데 새 예루살렘은 안전한 곳이기에 적들의 위협이 없는 안전하고 평화로운 곳이기에 문이 상시 개방 되어있다는 말이다.

그렇다면 왜 이렇게 개방되어 있는 천당에 천국에 있는 성도들은 가지 못하는 것일까? 그것은 첫째로 천당은 천국안에 있는 에덴 동산과 같은 섬으로 하늘의 홍해 바다에 둘러 쌓여있기에 마음대로 갈수 없고, 둘째로 계시록 16장 15절과 같이 부끄러운 구원을 받았기 때문이다. 부끄러운 구원이란 누군가 출입금지 시켜 접근하지 못하는 것이 아니라 스스로 수치스럽고 부끄러워 접근하지 못하는 것을 말한다. 사람들도 수치스러운 죄를 범하면 가족들이나 지인들 앞에 나타나지 못하고 배회하는 것과 같이 공로인 "소조" 구원을 받지 못하면 스스로 부끄러워 천당(새 예루살렘)에 갈수 없는 것이다.

"밤이(뉘크스) 없음이라" 하고 있는데 본장 23절에 이미 해달별의 빛이 없다고 했는데 굳이 밤이 없다고 강조한 이유는 관용어적 표현으로 밤의 요소인 마귀가 없다는 뜻이다. 마귀가 있는 곳에는 비밀, 어두움, 흑암, 고난, 소외가 있는데 이런 밤의 근원인 마귀가 없으면 이런 비밀, 두려움, 흑암, 소외, 고난도 없어지는 것이다. 에덴동산이 마귀와 아담이 공존했던 불완전한 장소였다면 천당(새 예루살렘)은 밤이(마귀) 없는 완전한 유토피아인 곳이다.

관용어적으로 성문을 닫지 않는다는 말은 안전한 곳임을 말하는 말이고 밤이 없다는 말은 마귀가 없는 진짜 유토피아 세상이라는 말이다.

천당에 들어 가려면 자기 영광과 존귀가 있어야 한다

계시록 21장 26절을 보면 "사람들이 만국의 영광과 존귀를 가지고 그리로 들어가겠고"하고 있는데 이 말의 헬라어는 '카이 페루신(훼로=도달하다) 텐 독산(영광) 카이 텐 티멘(값,댓가) 톤 에드논(이방인) 에이스(향하여) 아우텐(3인칭=새 예루살렘)'로 그 뜻은 '그 성에(새 예루살렘) 이방인들이 영광과 댓가를 가지고 들어갔다' 라고 되어있다. 여기서 "들어가겠고"라는 말의 헬라어 '페루신(도달하다.돌진하다)'은 미래시재가 아닌 현재시재이다.

본절 26절은 본장 24절 상반부인 "만국이 그 빛 가운데로 다니고"의 반복문이다. 왜냐하면 '들어가겠고'라는 말이 24절과 26절에서 같은 단어인 '페루신'으로 사용되고 있고, 또한 본절의 '사람들이'라는 말이 헬라어 원어에서는 생략되어 나오지 않고 있기 때문이다. 만약 '사람들'이라는 말이 본절 원어에서 나오면 24절의 상반부와 26절은 각기 다른 구절이 되겠지만 그러나 본절에서는 '사람들'이라는 말이 나오지 않고, 24절 상반부과 같이 만국인만 나온다. 그러므로 본절은 24절의 상반부인 "만국이 그 빛 가운데로 다니고"의 반복문이다.

24절과 본절이 다른 부분은 24절은 "만국이 그 빛 가운데로 다니고 땅의 왕들이 자기 영광을 가지고 그리로 들어가리라"하며 만국이 먼저 천당에 들어 갔고, 그 다음 땅의 왕들이 후삼년반에 순교라는 자기 영광을 가지고 천당에 들어갔다고 하고 있지만, 본절인 26절은 "그 성에(새 예루살렘) 이방인들이 영광과 댓가를 가지고 들어갔다"라고 하며 24절의 "땅의 왕들이" 그 성에 들어 간 것에 대한 부분은 빠져 있다. 즉 본절은 24절의 상반부만 반복문으로 사용하고 있다는 말이다. 이는 본절 26절이 본장 24절 상반부의 "만국"을 디테일하게 다시 구체적으로 설명하고 있다는 뜻이다. 즉 본절은 24절의 상반부만 구체적으로 반복해서 설명하겠다는 뜻이다. 그러나 중요한 것은 24절의 왕들도 어쨌든 공로로 천당에 들어간 것 같이 본절과 24절 상반부의 만국도 결코 공로가 없으면 천당에 들어 갈수 없다는 것을 우리는 꼭 알았으면 한다.

관용어적으로 본 절은 24절의 상반부인 만국에 대한 반복문으로 어쨌든 천당에 들어가기 위해서는 이 만국인들도 자기 영광과 존귀가 있어야 함을 강조하기 위한 것이다.

새 예루살렘에 들어가면 생명책에 기록되고 인을 맞아야 한다.

계시록 21장 27절을 보면 "무엇이든지 속된 것이나 가증한 일 또는 거짓말하는 자는 결코 그리로 들어가지 못하되 오직 어린 양의 생명책에 기록된 자들만 들어가리라"하고 있는데 이 세부류의 사람인 속된 자들과(흉악한자들,살인자들,점술가) 가증한자들과(두려워서 배교해서 우상 숭배) 거짓말하는 자들은(진리를 반대하는 거짓 선지자)은 이미 계시록 21장 8절에 나온 자들을 말한다. 이들은 불과 유황 못에 들어간 자들인데 굳이 이들을 다시 거명하고 있다. 이는 우리에게 이들을 본받지 말 것을 강조 용법으로 다시 한 번더 강조하고 있는 것이다.

'속된 것'하고 있는데 이에 해당하는 헬라어 '코이논'은 '깨끗하지 않다.더럽히다.오염시키다'라는 뜻을 가진 말로 흉악한자들, 살인자들, 점술가를 말하는 말로 이들은 이미 죄로 오염되어 있는 자들이다.

'가증한 일'하고 있는데 이에 해당하는 헬라어 '브델뤼그마'는 두려워 배교해서 우상 숭배 하는 자들을 말하는 말이다.

'거짓말하는(프슈도스) 자는"여기서 거짓말은 진리의 반대임으로 이는 거짓 선지자를 말한다.

'결코 그리로 들어가지 못하되'하고 있는데 이 말의 헬라어는 '우 메(우 메=결코~않는다) 에이셀데'로 그 뜻은 '결코 들어가지 못한다'는 말로 이는 속된 자들이나 가증한 일 또는 거짓말하는 자들이 새 예루살렘(천당)에 들어갈 가능성이 전혀 없다는 뜻이다.

"생명책에 기록된 자들만 들어가리라"하고 있는데 이 말의 헬라어는 '에이(다만) 메(뿐이라) 호이(그들) 게그람메노이(그랍호=기록하

다) 엔(안에) 토 비블리오(책) 테스 조에스(생명) 투 알리우(어린양)'로 그 뜻은 '다만 어린양의 생명 책안에 기록된 그들뿐이라'라는 말로 본 절을 보면 새 예루살렘에 들어가는 자들은 생명책에 기록된 자들만 들어간다고 되어 있는데 이 말을 정확하게 말하면 첫째 부활에 참여한 자들과 인 맞은 자들만 들어간다는 말이다. 이 부분은 요한이 계시록을 기록하는 시점에서 하는 말이기에 요한 시점으로 볼 때 인침이 빠진 이유는 공중 재림이 먼 미래의 일이기에 먼저 생명책에 기록되는 것이 중요하기 때문이다. 이 부분은 저의 책 계시록 3장 5절과 계시록 13장 8절을 반드시 참고하라

관용어적으로 새 예루살렘에 들어가려면 생명책에 기록되고 인침을 받아야 한다.

하존 요한계시록 5

제 4 강

계시록 22 장

l 계 22 장

천당(새 예루살렘)은 하늘의 홍해바다로 둘러싸여 있는 섬이다.

계시록 22장 1절을 보면 "또 그가 수정 같이 맑은 생명수의 강을 내게 보이니 하나님과 및 어린 양의 보좌로부터 나와서"하고 있는데 이는 창2장과 에스겔 47장부터 48장을 반영한 것인데 이는 단순히 관용어적으로만 반영한 것이 아니다. 우리는 에스겔 47~48장을 성령 충만을 상징하는 것으로 해석하는데 이는 성령이 아니라 새 예루살렘의 실제 모습을 말하고 있는 것이다. 왜냐하면 사도 요한이 환상으로 본 새 하늘과 새 땅이 에스겔이 본 환상과 똑 같기 때문이다. 그러므로 에스겔 47~48장은 단순 반영이 아닌 새 하늘과 새 땅의 실제 모습을 말하는 것이다. 에스겔서의 키워드(핵심)은 천년왕국과 새 예루살렘에 대한 이야기이다.

또한 계시록 22장 1~5절의 배경은 죄로 잃어버린 에덴동산을 배경삼고 있는데 이는 단순히 배경만 삼고 있는 것이 아니라 새 예루살렘의 실제 모습이기도 하다. 요한이 새 예루살렘(천당)을 보았는데 그 모습이 에덴동산과 똑 같았다. 그런데 이렇게 새 예루살렘(천당)의 모습이 에덴동산하고 똑 같았다는 것은 에덴동산의 롤 모델이 새 예루살렘이었다는 사실을 반증하는 것이다.

계시록 21장 9~27절이 새 예루살렘의 성벽에 대한 이야기라면 계 22:1~5절은 새 예루살렘 내부에 대한 설명이고, 22:6절 이후는 계1장에 해당하며 다시 요한 시대로 돌아가는데 11절까지는 일곱 대접 가진 천사가 한 말이다.

"또 그가" 하고 있는데 이 존재는 계시록 21장 9절의 일곱 대접을 가지고 있던 천사 중 하나가 한 말이다.

"수정 같이 맑은 생명수의 강을 내게 보이니"하고 있는데 이 말의 헬라어는 '카이 에데익센(데이크뉘오=보이다) 모이(내게) 카다론(깨끗한) 포타몬(강물) 휘다토스(물) 조에스(생명.영생), 람프론(람프로스=맑은.깨끗한) 호스(같은) 크뤼스탈론(수정.얼음)'로 그 뜻은 '수정 같이 맑은 영생의 물인 깨끗한 강물을 내게 상징으로 보여 주었다'라는 말로 이는 이 강물을 통해 영생의 물을 공급받았다는 뜻인데 '데이크뉘오'라는 상징(관용어)이라는 말이 쓰이고 있음으로 이는 새 하늘과 새 땅에 가서 영생을 하려면 이 강물을 먹어야 한다는 말이 아니라 상징적인(관용어) 뜻을 말한다는 말이다. 그렇다고 새 하늘과 새 땅에 이 강이 없다라는 말이 아니라 그 강물의 뜻이 상징이(관용어)라는 말이다. 여기서 생명수 강이 뜻하는 바는 바로 영생을 뜻한다는 말이다. 다시 말해 강물이 모든 자연을 소생하게 하며 창조 때부터 지구가 망할 때까지 영원히 흐르는 것 같이 우리도 천당에 가면 이렇게 영생한다는 것을 상징적(관용어)으로 말한다는 뜻이다. 생명수 강물은 천당에서는 영생을 말하는 관용어이고 이 땅에서는 성령을 말하는 관용어이다.

"하나님과 및 어린 양의 보좌로부터 나와서"하고 있는데 이는 에덴 동산이 4대강의 발원지로(샘) 4대 강으로 둘러싸여 있는 섬인 것 같이 새 하늘과 새 땅도 하늘의 홍해바다에 둘러싸여 있는 섬인데 이 하늘의 홍해바다를 이루는 물은 하나님과 어린양의 보좌(성전)로부터 흘러 나왔다는 말이다. 이를 겔47장에서는 성전 문지방(하나님과 어린양)에서 발원해 요단강을(생수의 강) 통해 새 예루살렘을 휘감아 관통하고(겔47:3~5), 이 물은 다시 하늘의 홍해 바다인 유리바다를(겔47:8.아라바,갈릴리 바다) 채우고, 천국의 각 지역을 휘감아 흐른 후 하늘의 사해바다로(우주벽) 흐른다는 것이다(겔47:8~9사해바다). 하늘의 사해 바다란 우주 벽의 끝이 물로 되어 있는데 이곳을 하늘의 사해 바다라 한다.

에스겔 47장 1절 "그가 나를 데리고 성전 문에 이르시니 성전의 앞면이 동쪽을 향하였는데 그 문지방(보좌) 밑에서 물이 나와 동쪽으로 흐르다가 성전 오른쪽 제단 남쪽으로 흘러내리더라".

에스겔 47장 8절 "그가 내게 이르시되 이 물이(요단강 물) 동쪽으로 향하여 흘러 아라바로(갈릴리 바다 상징, 유리바다, 하늘홍해) 내려가서 바다에(사해바다.우주 밖을 말함) 이르리니 이 흘러내리는 물로 그 바다의 물이 되살아나리라".

이사야 33장 21절 "여호와께서는 거기서 위엄 중에 우리와 함께 계시리니 그 곳에는 여러 강과 큰 호수가 있으나 노젓는 배나 큰 배가 통행하지 못하리라" (천당은 이렇게 하늘의 홍해 바다의 섬으로 안전한 곳이란 말이다).

이스라엘의 전체는 다 천국을 상징한다. 그래서 이스라엘이라는 나라와 수도가 있는 것 같이 하늘나라도 천국과 수도인 새 예루살렘이 있고, 또한 이스라엘에 요단강과 갈릴리 바다와 사해 바다가 있는 것 같이, 천국에도 요단강(생명수 강물)과 갈릴리 바다(유리바다)와 사해 바다(우주벽 물)가 있는 것이다. 천국의 사해 바다와 갈릴리 바다는 다 하나님 보좌(성전)로부터 오는 생명수 강물(요단강)로 인해 된 것이다.

창세기 1장 7절을 보면 궁창(스테레오마) 위의 물과 아랫물로 나누었다고 했는데 이는 금속판(스테레오마)이 하늘에 있는데 궁창위의 물은 금속판위의 물로 에스겔은 이를 에스겔 47장 8절에서 '바다'물로 표현하고 있고, 저는(오흥복) 이를 우주벽에 물이 있다고 표현하고 있다. 그리고 아랫물은 말 그대로 금속판 아래 즉 대기권에 물이 있다는 말이다. 금속판은 저의 책 계시록 4장 1절을 반드시 참고 하라.

관용어적으로 에덴동산이 4대강으로 쌓여있는 섬이었던 같이 새 하늘과 새 땅도 섬으로 되고, 이스라엘에 요단강과 갈릴리 바다와 사해바다가 있는 것 같이 천국과 천당도 요단강과 갈릴리 바다와 사해바다로 되어있다.

천국과 천당에 질병이 있는가

계시록 22장 2절을 보면 "길 가운데로 흐르더라 강 좌우에 생명나무가 있어 열두 가지 열매를 맺되 달마다 그 열매를 맺고 그 나무 잎사귀들은 만국을 치료하기 위하여 있더라"하고 있는데 본 절은 창3:22절과 겔47:12절을 영생과 풍성함을 관용어적으로 반영한 말로 1절의 하늘의 요단강을 중심으로 말씀이 진행되고 있다.

"그 도성의 거리 한가운데와"하고 있는데 이 말의 헬라어는 '엔(안) 메소(중간.가운데) 테스 플라테이아스(플라테이아=거리) 아우테스(3인칭)'로 그 뜻은 '그 거리 가운데 안에'라는 말로 이는 새 예루살렘(천당)성의 거리 한 가운데 하늘의 요단강이 흐르더라는 말이다. 에스겔47:9절을 보면 생명수 강물이 흐르자 모든 생물들이 소생했던 것 같이 하늘의 요단강물(생명수 강물)은 우리에게 영생을 충만하게 공급한다. 즉 이 말은 생명수 강이 영생을 상징하기에 이는 새 예루살렘에는 강물이 풍성한 것 같이 우리가 영원히 영생하는데 있어 영생이 풍부함을 말하는 관용어이다.

"강 좌우에 생명나무가 있어"하고 있는데 이 말의 헬라어는 '투 포다무(강), 엔튜덴(한쪽에, 좌) 카이 엔투덴(한쪽에, 우), 크쉴론(나무) 조에스(영생, 생명)'로 그 뜻은 '강 좌우에 생명 나무'로 여기서 생명나무는 창3:3.22절을 영생이라는 측면에서 관용어적으로 반영한 것으로 생명수와 더불어 영생의 풍성함을 상징하는 관용어이다. 과거 에덴동산에 있던 생명나무가 영생을 상징하고, 예수님을 예표 하는 것이었다면 새 예루살렘에 있는 생명나무는 영생의 풍성함을 상징한다. 왜냐하면 에덴동산에 생명나무가 한 그루였다면 새 하늘과 새 땅엔 생명나무가 끝없이 펼쳐졌기 때문이다. 즉 생명나무가 풍성하다는 것은 영생이 풍성하다는 말로 영원히 영생이 지속된다는 뜻이다(계2:7).

"열두 가지 열매를(칼포스) 맺되(포이에오)"하고 있는데 천국과 천당에는 햇볕이 없고 하나님과 어린양이 빛이 되시기에 이 땅에서처럼 나무들이 열매를 맺는 것이 아닌데 열두 가지 열매를 맺는다고 함으로 이는 새 예루살렘은 풍요롭고 풍성한 곳을 말해주는 것이다. 왜냐하면 히브리인들에게 12는 완전수인 동시에 만수를 상징하기 때문이다. 다시 말해 이 말이 꼭 열두 가지 열매를 맺는 다는 말이 아니라 많은 열매를 맺는다는 말로 이는 천국의 풍성함을 말하는 말인 것이다.

"달마다 열매를 맺고"하고 있는데 천국과 천당은 영원한 세계이기에 봄, 여름, 가을, 겨울이 있어 수확하는 곳이 아니기에 매달 열매가 맺는 다는 말은 맞지 않는다. 왜냐하면 천당은 시간의 개념이 없는 곳인데 만약 매달이라는 시간이 있으면 천국과 천당은 하나님의 본질적 속성중 시간을 초월하시는 영원성에 저촉된다. 그러므로 이는 천국과 천당의 풍성함을 관용어적으로 설명하는 것이지 실제로 과실이 매달 열리고, 매일 과실을 먹는 것이 아니다. 만약 천국과 천당이 과일이나 음식을 먹고 생명을 유지한다면 그곳은 천국이나 천당이 아닌 이 땅에 지나지 않는 것이다. 그러므로 이는 천국과 천당의 풍성함을 관용어적으로 표현한 것에 지나지 않는 것이다.

"만국을"하며 만국이라 표현한 이유는 천당은 이스라엘 민족만 온 것이 아니라 전 세계 민족과 국가가 왔기 때문이다.

"그 나무 잎사귀들은 만국을 치료하기 위하여 있더라"하고 있는데 이 말의 헬라어는 '카이 타 휠라(휠론=잎) 투 크쉴루(나무) 에이스(향하며) 데라페이안(데라페이아=치료,종.하인) 톤 에드논(이방)'로 그 뜻은 '만국을 치료하는 나무 잎'으로 되어 있는데 본 절은 겔47:1~12절을 반영한 말로 '데라페이안'이 '치료'를 말하는 말인데 그렇다면 천국과 천당에도 질병이 있는가? 이는 에덴동산의 생명과실을 가지고 천국에는 죽음이 없고, 질병이 없는 완전한 희년이 있는 장소임을 관용어적으로 설명하다 보니 이 땅의 질병과 치료를 비교 설명한 것뿐이다. 왜냐하면 계21:4절과 본 절3절에 아픈 것과 저주가 없다고 하고 있기 때문이다. 만약 천국과 천당에 질병이 있다면 이는 하나님의 본질적 속성중 완전성에 저촉된다.

탈무드에 보면 이스라엘 사람들은 내세를 믿지 않는다고 한다. 그래서 그들은 사람이 죽으면 가는 곳 하면 유토피아가 천국과 천당이 아닌 조상의 품과 에덴동산으로 돌아가는 것으로 생각했다. 그러므로 그들에게 천국과 천당을 설명하자면 에덴동산을 가지고 생로병사를 설명하지 않으면 안 되게 되어있는 것이다. 예를 들면 "사람이 나이 먹으면 병들어 죽지 않느냐, 그런데 에덴동산에 있는 생명과실을 먹으면 병들어 죽지 않지 않느냐 마찬가지이다. 새 예루살렘에는 에덴동산에 있는 생명과실보다 더 많은 과실이 있는데 그 과실의 잎사귀만 먹으면 어떤 질병도 다 치료된다. 그래서 새 예루살렘에는 죽음이 없고 영생만 있는 곳이다"하고 설명하기 위해 도입한 것이지 실제로 천국과 천당이 질병이 있다는 뜻이 아닌 것이다.

관용어적으로 새 예루살렘(천당)에 있는 생명나무 잎사귀들이 만국을 치료한다는 말은 영생이 어떻게 이루어지는지 설명하기 위한 표현 방식일 뿐이다.

새 예루살렘은 저주가 없는 곳이다.

계시록 22장 3절을 보면 "다시 저주가 없으며 하나님과 그 어린 양의 보좌가 그 가운데에 있으리니 그의 종들이 그를 섬기며"하고 있는데 이 말은 스가랴14:11절의 영광스러운 세계를 관용어적으로 반영한 것이다. 반영이라는 말의 뜻을 자세히 알려면 저의 책 계시록10장 9절을 참고하라

"다시 저주가 없으며"하고 있는데 이 말의 헬라어는 '카이 판(모든) 카다나데마(저주) 우크(결코~않다) 에스타이(일 것이다) 에티(다시)'로 그 뜻은 '다시는 모든 저주가 없을 것이다'라는 말로 여기서 저주는 율법의 저주를 말하는 말로 가난과 질병과 영혼의 저주를 말하는데 이 세 가지 저주가 없을 것이라는 말이다. 그러므로 이는 천국과 천당은 완전한 희년이 있는 곳이며 영생 복락만 있을 것이라는 말이다. 그러므로 본장 2절에서 질병이 있어 치료가 필요하다는 말은 질병이 있다는 말이 아니라 천당에서 영생하는데 있어서 어떤 걸림돌도 (질병) 없을 것이라는 말임을 알 수 있는 것이다.

"하나님과 그 어린 양의 보좌가 그 가운데에 있으리니"하고 있는데 출애굽 후 이스라엘 12지파가 성막중심으로 포진했던 것 같이 겔 48:8절을 보면 천당에서 땅 분배가 새로 이루어지는데 그때 하나님과 예수님 중심으로 신앙 생활 하게 될 것이라는 말씀이다.

"그의 종들이 그를 섬기며"하고 있는데 이 말의 헬라어는 '카이 호이 둘로이(종) 아우투(3인칭) 라트류수신(아몬.마1:10) 아우토(3인칭)'로 그 뜻은 '그의 종들이 그를 섬긴다'라는 말인데 그런데 여기서 종들이 섬긴다 하며 종인 '둘로스'를 쓰고 있지 성도인 '하기오스'를 쓰고 있지 않다. 천국은 종들이 있는 곳이 아닌데 말이다. 또한 섬긴다는 말의 '라트류수신'이 예배생활이 아닌 마1:10절에 나오는 므낫세의 아들 아몬에서 유래가 되었다. 유다의 아몬왕은 극악무도한 왕으로 우상 숭배에 전념했던 자인데 말이다. 이는 천당에서 예배를 드리는데 있어 종이 왕 아몬을 섬기듯이 적극적으로 하나님을 섬기게 될 것이라는 말이다. 여기서 종은 성도를 말하고, 아몬왕은 하나님을 상징하는 말이다.

관용어적으로 새 예루살렘은 이 땅에 있던 저주가 없는 곳이며 종들이 아몬왕을 섬기듯 성도들이 하나님만 섬기는 곳이다.

그의 이름이 이마에 있다는 말은

계시록 22장 4절을 보면 "그의 얼굴을 볼 터이요 그의 이름도 그들의 이마에 있으리라"하고 있다.

"그의(예수) 얼굴을(프로소톤) 볼 터이요(호라오)"하고 있는데 구약에서 하나님의 얼굴을 보는 것은 곧 죽음임으로(출 33:20~23) 이스라엘 사람들의 소원은 하나님 얼굴을 보는 것인데 그런데 보아도 죽지 않는다고 하며 그들의 숙원이 이루어진다고 하고 있다. 이스라엘에서 복중에 가장 큰 복은 하나님을 얼굴을 보는 것이다. 그런데 여기서 우리가 알야 할 것은 우리가 천국에 가서 볼수 있는 하나님의 얼굴은 예수님밖에 없다는 것이다. 왜냐하면 요한복음 5장 23~24절을 보면 하나님 아버지는 영이시라는 것이다. 그리고 요한복음 15장 26절을 보면 성령님도 아버지께로부터 나오는 하나님의 본영이라는 것이다. 그러므로 삼위일체중 유일하게 형체를 가지신 분은 예수님밖에 없으시기에 그의 얼굴을 본다는 말은 결국 예수님의 얼굴을 본다는 말이 되는 것이다.

"그의 이름도 그들의 이마에"하고 있는데 여기서 그가 예수님을 의미하므로 그의 이름이 그들의 이마에 있다고 하는 것은 곧 하나님의 이름인 예수라는 이름이 그들의 이마에 있다는 뜻이다. 이렇게 이름이 이마에 있다는 것은 인 맞았다는 말로 인인 도장이 이마에 있다는 것은 예수님의 소유권이 되었다는 것으로 곧 이들은 다 하나님의 것이라는 뜻이다.(계 3:12 ; 계 7:3절 ; 계 14:1 ; 사 62:2) 본 절을 통해 알 수 있는 것은 144.000명과 이방인들의 이마에 새 예루살렘의 이름과 나의 새 이름을(계 3:12) 기록하리라 했는데 이 이름이 예수라는 것을 알 수 있다. 왜냐하면 여기서 그의 얼굴을 볼 터이요 할 때 그의 얼굴이 예수님의 얼굴이기 때문이다. 다시 말해 우리가 천당에 가서 볼 수 있는 얼굴은 예수 밖에 없다. 왜냐하면 하나님은 영이시기에 하나님의 얼굴은 볼 수 없기 때문이다.

관용어적으로 얼굴을 본다는 말은 가장 큰 축복을 말하는 말이고, 그 이마에 이름이 있다는 말은 예수의 이름이 이마에 있다는 말이다.

영원히 왕 노릇하는 성도들

계시록 22장 5절을 보면 "다시 밤이 없겠고 등불과 햇빛이 쓸 데 없으니 이는 주 하나님이 그들에게 비치심이라 그들이 세세토록 왕 노릇 하리로다"하고 있다.

"다시 밤이 없겠고 등불과 햇빛이 쓸 데 없으니 이는 주 하나님이 그들에게 비치심이라"하고 있는데 본 절은 계시록 21장 23, 25절의 반복이다. 새 예루살렘에는 더 이상 밤이 존재하지 않는 낮만 계속된다(슥 14:7). 왜냐하면 그곳은 등불이나 햇빛에 의해서 빛이 존재하는 것이 아니라 오직 하나님의 영광인 빛이 햇빛처럼 비추기 때문이다.

"그들이 세세토록 왕 노릇 하리로다"하고 있는데 공중혼인 잔치와 첫째부활에 참여했던 성도들은 이 땅에서 이루어진 천년왕국에서 천년동안 왕 노릇 하다가(계 20:4), 이제 그 연속선상에서 하나님 나라에서(천당)도 하나님과 함께 영원히 왕 노릇 한다는 말이다.

관용어적으로 성도들은 천년왕국에서만 왕 노릇 하는 것이 아니라 천당(새 예루살렘성)에서도 주님과 함께 왕 노릇하게 된다.

일곱 대접을 가지고 있던 천사가 한말

계시록 22장 6절을 보면 "또 그가 내게 말하기를 이 말은 신실하고 참된지라 주 곧 선지자들의 영의 하나님이 그의 종들에게 반드시 속히 되어질 일을 보이시려고 그의 천사를 보내셨도다"하고 있는데 본 절 6절과 8절부터 11절까지는 일곱 대접을 가지고 있는 천사 중 한천사가 요한 시점에 한 말이고, 12절부터 16절까지는 요한이 계시록을 쓰는 시점에서 주님이 하신 말씀이고, 17절은 성령과 신부가 요한 시점에서 한 말이고, 18~19절은 요한이 한 말이고 20절은 주님이 요한 시점에서 하신 말씀이고 21절은 요한의 축도이다.

또한 6절부터 11절까지는 계1:1,3절의 내용 속에 들어가는 내용이고 이렇게 말한 천사는 일곱 대접을 가지고 있는 천사 중 한 천사이다.

'또 그가 내게 말하길'하고 있는데 이 말의 헬라어는 '카이 에이펜(레고=말하다) 모이(나에게)'로 그 뜻은 "그리고 나에게 말하길"이라는 말인데 공동번역에서는 "또 그 천사가 나에게"라 함으로 이는 계21:9절의 일곱 대접 천사 중 한 천사를 말하는 말이다.

'이 말은 신실하고 참된지라'하고 있는데 이 말은 명심하라 '이 약속은 진짜 말씀 그대로 이루어 질 것이니라'는 말이다.

"주 곧 선지자들의 영의 하나님이"하고 있는데 이 말의 헬라어는 '카이 퀴리오스(주) 호 데오스(하나님) 하기온(거룩한) 프롭헤톤(선지자)'로 그 뜻으 "주 곧 선지자들의 거룩한 하나님"으로 되어 있는데 또 다른 번역본에는 '카이 퀴리오스(주) 호 데오스(하나님) 하기온(거룩한) 프뉴마톤(영들) 프롭헤톤(선지자)'으로 그 뜻은 '주 곧 선지자들의 영들의 거룩한 하나님'으로 되어있다. 여기서 '프뉴마톤'은 단수가 아닌 복수이므로 성령이 아닌 많은 선지자들의 영들을 말한다. 다시 말해 이 말은 '주님 그 분이 누구냐면 선자들의 영들에 하나님'이라는 말로 선지자들의 영의 배후에 하나님이 역사 하셨다는 말이다.

"반드시 속히 되어질 일을 보이시려고"하고 있는데 이 말은 계1:1절과 같이 재림의 긴박성을 알리는 관용어인데 특히 '보이시려고'라는 '데이크뉘오'는 상징으로 보여 주다라는 말로 이는 관용어로 보여주었다는 말이다.

"그의 천사를 보내셨도다"하고 있는데 이 천사는 계1:1절의 천사이다. 말세와 은혜시대의 다른 점은 은혜시대는 사람이 성령을 받아 증거하는 시대이고, 말세는 천사가 직접 복음을 전하는 시대이다. 이렇게 천사가 복음을 전하면 심판의 복음이 되는 것이다. 왜냐하면 율법도 천사가 전하여 준 것이기에 심판이 담겨져 있다(행7:53).

관용어적으로 주 곧 선지자들의 영의 하나님이란 선지자들의 배후에서 역사 하셨던 하나님이라는 뜻이다.

주님의 재림이 임박했다.

계22:7절을 보면 "보라 내가 속히 오리니 이 두루마리의 예언의 말씀을 지키는 자는 복이 있으리라 하더라"하고 있는데 이 말씀은 계1:3절의 말씀의 반복으로 요한이 계시록을 기록한 시점에서 하신 말씀이다. 또한 본문은 1인칭 어법으로 예수님이 직접 하신 말씀으로 되어있다. 그래서 공동번역과 현대인의 성경에서는 주님이 직접 하신 말씀으로 번역하고 있다. 그런데 계시록에서는 이렇게 천사가 말하는 도중에 하나님 혹은 예수님이나 천사나 24장로가 끼어드는 삽경이 많이 있다. 그러므로 본 절에서 천사가 말하는 과정에서 주님이 말씀 하셨다고 해서 이상하게 생각할 필요는 없다.

"보라 내가 속히 오리니"라는 말의 헬라어는 '이두(보라) 엘코마이(오다) 타퀴(갑자기)'로 그 뜻은 "보라 갑자기 오리라"라는 뜻인데 여기서 '엘코마이'가 미래형이 아닌 현재형으로 되어있다. 이는 주님의 재림이 이미 진행 되고 있는 사건임으로 성도들은 군대에서 5분대기조처럼 언제나 주님 맞을 준비태세를 갖추고 신앙 생활 하라는 말로 이는 재림의 긴박성과 임박성을 의미하는 관용어로 계3:11절과 계22:12절에도 나온다. 본장 12절을 반드시 참고 하기 바란다.

"이 두루마리의 예언의 말씀을 지키는 자는 복이 있으리라 하더라"하고 있는데 이 말씀은 계1:3절의 말씀을 반복해서 쓴 것 중에 '읽는 자와 듣는 자가' 빠진 말씀인데 이 말씀을 바로 이해하려면 저의 책 계1:3절 말씀을 참고하라.

계1:3절을 보면 "이 예언의 말씀을 읽는 자와 듣는 자와 그 가운데에 기록한 것을 지키는 자는 복이 있나니 때가 가까움이라"하고 있는데 여기서 '읽는자'라는 말의 헬라어는 "호 아나기노스콘(읽다)"로 이는 관사 있는 단수 분사로 초대교회에서 회중을 대표하여 성경을 읽던 자들을 말한다. 이렇게 성경을 읽는자들이란 본래 제사장과 회당장과 초대교회에서 성경을 대표로 읽었던 자들을 말하는데 이는 당시에 성경이 귀해 제사장들이나 회당장들이 초대교회에서는 대표해서 말씀을 읽으면 청중들은 그 말씀을 들었는데 이는 느헤미야 8장을 보면 성문 중 수문이라는 문앞 광장에서 제사장 에스라가 성경을 읽을 때 백성들이 듣고 회개했는데 바로 지금 그것을 배경으로 하고 있는 것이다. 그 당시에는 성경이 귀했기에 제사장이나 회당장과 대표자만 성경을 읽었지만 지금은 성경이 보편화 되었기에 이 말씀은 성경을 가지고 있는 모든 독자와 성도들에게 하시는 말씀이 되고 있는 것이다. 또한 이렇게 제사장들과 회당장들과 대표자들이 성경을 읽었다는 말은 이젠 교회의 대표자인 목사님들이 계시록 강해 설교를 자주 해야 한다는 말이기도 하다(마24:45).

또한 여기서 '듣는 자는'라는 말의 헬라어는 "호이아쿠온테스(아쿠오=듣다)"로 이 말은 복수 동사로 앞에서 언급했듯이 성경을 제사장이나 회당장이나 대표자들이 읽으면 그 말씀을 듣는 자들인 청중(성도)들은 듣는자라는 것이다. 여기서 '듣는자'란 지금으로 말하면 목회자 계시록을 강의하면 그 말씀을 듣는 성도들을 의미하는 말이다. 우리 성도들이 재림 고대 신앙을 가져야 하는데 그렇게 되기 위해서는 목회자가 계시록 설교를 많이 해야 한다. 왜냐하면 롬10:17절을 보면 "믿음은 들음에서 나며 들음은 그리스도의 말씀으로 말미암았느니라"하며 믿음은 목회자의 말씀을 들을 때 생기기에 계시록 설교를 목회자가 많이 하면 성도들은 자동적으로 재림 고대신앙을 갖게 된다는 말씀이다.

"지키는 자는 복이 있나니"하며 지키는 자들이 복이 있다고 하는데 여기서 지키는 자라는 말의 헬라어는 '테룬테스(테레오=지키다)'로 이는 진지를 방어하는 것을 말하는데 이 단어 역시 복수 동사로 되어있다. 그런데 이렇게 듣고 지키라는 말씀의 배경은 요한 당시 하나님의 말씀을 읽고 듣는 유대인들의 관습을 가지고(느8:2,3;눅4:16;행13:15;살전5:27) 본서의 예언의 말씀을 읽고 듣고 지키는 자가 복이 있다고 선언하고 있는 것이다. 이렇게 말씀을 지키라는 말은 말씀을 믿기 위해 해석하고 근본주의적 입장에서 지키라는 말씀이다.

"때가 가까움이라"하고 있는데 본문은 예언의 말씀을 읽고 듣고 지키는 자가 복이 있는 이유는 주님 재림의 때가 가까이 다가왔기 때문이다. 그런데 여기서 '때'에 해당하는 헬라어 '카이로스'는 사람의 시간을 나타내는 '크로노스'와는 달리 하나님의 시간을 나타내는 종말론적 시간을 의미한다. 그런데 하나님의 시간인 '카이로스'의 시간이 임박했다는 증거는 마24:32절 말씀과 같이 이스라엘을 상징하는 무화과나무 가지가 연하여 지고 잎사귀인 독립이 1948년 5월 14일 날 이루어 졌기 때문이다. 그러면 여름이 가까운 줄 알라 했는데 여기서 여름은 공중 재림을 말하는 말이다. 그러므로 이젠 진짜 공중 재림이 임박했다는 뜻이다. 왜냐하면 이스라엘이 독립했기 때문이다. 그러므로 우리는 주님의 재림이 임박했다는 사실을 인식하고 긴장감을 가지고 주님의 재림을 준비해야 하는 것이다.

관용어적으로 우리가 주님의 말씀을 지켜야 하는 이유는 이스라엘이 1948년 5월 14일 독립했기에 이제 주님의 재림이 진짜 임박했기 때문이다.

요한이 천사에게 절하려 했던 이유는

계시록 22장 8절을 보면 "이것들을 보고 들은 자는 나 요한이니 내가 듣고 볼 때에 이 일을 내게 보이던 천사의 발 앞에 경배하려고 엎드렸더니"하고 있는데 본 절을 보면 요한이 계시록 1장 1절에서 말한 것 같이 본서의 저자가 자신임을 다시 한 번 밝히고 있다.

"이 일을 내게 보이던 천사"하고 있는데 이 천사는 계21:9절의 일곱 대접을 가지고 있던 천사 중 한 천사로 이 천사의 말이 6절과 본 절 8절 부터 11절까지 계속된다. 또한 6절부터(7절 포함) 11절까지의 시점은 요한 시대이다.

"천사의 발 앞에 경배하려고 엎드렸더니"하며 요한이 지금 일곱 대접 천사 중 하나에게 경배하려 하고 있는데 이 일은 이미 계19:10절에도 있었던 일로 그때의 천사는 미가엘 천사장에게 경배하려 했다. 그런데 이렇게 요한이 경배하려 했던 이유는 요한 당시 천사 숭배 사상이 만연했는데(골2:18) 이는 천사를 숭배하는 것이 겸손과 존경의 표현으로 생각했던 시대였기 때문이다. 여기서 겸손은 죄 된 사람이 거룩하신 하나님 앞에 감히 다가가면 죽을 수 있기에 만나도 죽지 않는 중보자가 필요했는데 그 중보자가 바로 천사였다는 것이다.

또한 존경은 당시 높은 사람에게는 존경의 표시로 절을 했기 때문이다. 이 부분의 자세한 내용은 저의 책 계시록 19장 10절을 참고하기 바란다.

관용어적으로 요한이 천사에게 경배한 이유는 당시 겸손과 존경의 표시로 절을 했던 시대였기 때문이다.

천사가 경배 받지 않으려한 이유

계시록 22장 9절을 보면 "그가 내게 말하기를 나는 너와 네 형제 선지자들과 또 이 두루마리의 말을 지키는 자들과 함께 된 종이니 그리하지 말고 하나님께 경배하라 하더라"한 본문은 계시록 19장 10절 의 반복이나 그러나 앞절에서 말한 것 같이 요한이 지금 경배하려는 대상의 천사는 다르다. 다시 말해 본 절의 천사는 일곱 대접을 가지고 있는 천사 중 하나이지만 계시록 19장10절의 천사는 미가엘 천사장이라는 말이다.

"이 두루마리의 말을 지키는 자들과 함께 된 종이니 그리하지 말고 하나님께 경배하라"하며 천사는 요한의 경배 행위를 제지하면서 자신이 하나님의 종임을 강조하며 오직 하나님만을 경배 할 것을 권면하고 있다. 이는 계시록 19장 10절에서 천사가 자신을 "요한과 예수의 증거를 받은 형제들"과 동일한 존재임을 말했던 것 같이 본 절에서도 천사는 "요한과 선지자 그리고 이 예언의 말씀을 지키는 자들"

과 동일한 별볼일 없는 종이라는 존재임을 강조하고 있는 것이다. 즉 천사는 말씀을 전하는 선지자들과 그 말씀을 듣고 지키는 자들, 즉 구속 받아 하나님의 백성이 된 자들과 같이 동일한 하나님의 종이라는 사실을 강조하고 있는 말이라는 것이다. 그러기에 설사 천사가 하나님의 계시를 전하여 주는 존재(메신저)라 할지라도 그는 결코 경배의 대상이 될 수 없고 오직 계시의 근원이신 하나님만이 경배 대상이 될 수 있는 것이다.

관용어적으로 타락한 천사인 마귀는 자신을 경배 하라 하지만(마 4:9) 본 절의 천사는 마귀가 아니기에 경배 하지 못하게 한다.

인봉하지 말라야 할 이유

계시록 22장 10절을 보면 "또 내게 말하되 이 두루마리의 예언의 말씀을 인봉하지 말라 때가 가까우니라"하고 있는데 여기서 '또 내게 말하되'하는 천사는 요한이 경배했던 마지막 천사인 일곱 대접을 가지고 있는 천사 중 하나를 말한다.

"이 두루마리의 예언의 말씀을 인봉하지 말라 때가 가까우니라" 하고 있는데 여기서 '인봉하지 말라'는 말의 헬라어는 '메 습흐라기세스'로 그 뜻은 '결코 인봉하지 말라'라는 말이고 '때가 가까우니라' 할 때 '때'는 '카이로스'로 하나님의 섭리의 때를 말하는 말이다.

구약 다니엘서에서는 하나님의 계시를 인봉하도록 명령하였다(단8:26,12:4,9). 그러나 본서에서는 하나님의 계시를 인봉하지 말라고 명령하고 있다. 이처럼 과거에는 인봉하도록 명령 하였던 것을 이제 인봉하지 말라고 명령하고 있는 이유는 본서에 기록된 하나님의 계시가 실현될 시기가 가까웠기 때문이다. 왜냐하면 마24:32절에서는 말하는 이스라엘이 1948년 5월 14일 독립했기 때문이다. 그러므로 우리는 경각심을 갖고 예수님의 재림을 고대하며 신앙생활을 해야 할 것이다.

관용어적으로 주님의 재림이 가까웠기에 우리는 경각심을 가지고 신앙생활을 하되 목회자는 계시록을 인봉하지 말고 자주 가르치고 설교해야 한다.

불의한 자들에게 한 말

계시록 22:11절을 보면 "불의를 행하는 자는 그대로 불의를 행하고 더러운 자는 그대로 더럽고 의로운 자는 그대로 의를 행하고 거룩한 자는 그대로 거룩되게 하라"하고 있는데 이 말씀도 본 절 6절부터 계시하고 있는 일곱 대접을 가지고 있는 천사 중 한 천사의 말이다.

"불의를 행하는 자는 그대로 불의를 행하고 더러운 자는 그대로 더럽고 의로운 자는 그대로 의를 행하고 거룩한 자는 그대로 거룩되게 하라"는 말씀을 혹자는 본 절이 더 이상 회개의 기회가 없는 것을 나타낸다고 주장하지만 그러나 17절에서 회개의 초청을 언급한 것으로 보아 본 절을 그렇게 해석하는 것은 부당하다. 오히려 천사가 이렇게 말한 이유는 역설적인 표현으로 종말이 가깝고 주님 오실 때가 가까웠으니 빨리 이 경고의 메시지를 듣고 불의한 자들아 회개하고 돌아오라는 반어법적 표현으로 봐야 한다.

관용어적으로 불의를 행하는 자는 그대로 불의를 행하고 더러운 자는 그대로 더럽게 하라는 말씀은 때가 가까웠으니 빨리 회개하고 돌아오라는 관용어적 표현이다.

상급받기 위해 신앙 생활 하자

계시록 22:12절을 보면 "보라 내가 속히 오리니 내가 줄 상이 내게 있어 각 사람에게 그가 행한 대로 갚아 주리라"하고 있는데 본장 6절과 8절에서 11절까지가 일곱 대접을 가지고 있는 천사가 요한시점에 말했다면 본 절부터 16절까지는 요한이 계시록을 쓰는 시점에서 주님이 하신 말씀이다.

"보라 내가 속히 오리니(엘코마이,현재형)"하고 있는데 주님이 이렇게 속히 오시려 하는 이유는 의인에게는 행한 대로 상급으로 공중재림에 참여하게 하고, 주님과 함께 영원히 왕 노릇 하게하기 위해서이고, 불의한자에게는 행한 대로 후 삼년반과 지옥 형벌을 주기 위해서이다. 본 내용은 계 3:11절과 본장 7절의 반복이다. 본장 7절을 참고하기 바란다.

"내가 줄 상이 내게 있어"하고 있는데 이 말의 헬라어는 '호 미소도스(상) 무(나에게) 메트(함께) 에무(나의)'로 그 뜻은 '나와 함께 나에게 상이 있다'라는 말로 상을 주님이 가지고 계시다는 말이다. 이렇게 성경은 우리에게 상급이 있음을 말해 주고 있다. 그런데 이 "상"은 오직 예수님에게만 충성을 다하고 믿음을 인내로 지킨 자들에게 주어지는 "보상"이다(계13:10;14:12). 의로운 자에게 이런 공중 재림에 참여하고, 영원히 주님과 함께 왕 노릇하는 보상이 주어진다면 상대적으로 악한 자에게는 하나님의 엄중한 심판만 기다리고 있다.

"그가 행한(엘곤"노역") 대로 갚아 주리라"하고 있는데 이 말의 헬라어는 '아포두사이(아포디도미=도로주다) 헤카스토(헤카스토스=모든 사람) 호스(대로) 토 엘곤(행한대로) 아우투(3인칭=그)'로 그 뜻은 '그가 행한 대로 모든 사람에게 도로 줄 것이다'하고 있는데 이는 재림의 목적을 가리키는 말이다. 이처럼 행위에 근거한 판단이나 심판은 성경 전체에서 자주 나타나는 말씀이다(계2:23;잠22:12;렘17:10;롬2:6). 이것은 마지막 백보좌 심판을 묘사할 때에도(계20:13) 동일하게 사용되고 있다. 이는 '공짜로 얻은 구원 천국에서 상급 없다'는 말로 우리가 상급인 공중 재림에 참여하고 주님과 함께 영원히 왕 노릇하기 위해서는 이 땅에서 열심히 신앙 생활 해야 한다는 말이다(공중 재림에 참여하고, 왕노릇 하는 것이 상급임). 다시 말해 예정이나 선택되어서 공중 재림에 참여하는 것이 아니라 인 맞지 않으면 공중 재림에 참여 할 수 없다는 말이다. 그러므로 공중 재림에 참여하려면 생명책에 기록되고, 상급이 있어야 하고, 인 맞지 않으면 안 된다는 말이다. 생명책에 대한 부분은 저의 책 계3:5절과 계20:12절을 반드시 참고하라

관용어적으로 본 절은 신앙생활을 상급 받기 위해 하라는 말이다.

알파와 오메가 되신 주님

계시록 22:13절을 보면 "나는 알파와 오메가요 처음과 마지막이요 시작과 마침이라"하고 있는데 이 말씀은 계1:8절과 계21:6절 말씀의 반복으로 하나님의 본질적 속성을 말하는 말인데 예수님께도 적용된다는 것은 예수님도 삼위 하나님 중 한 분이시라는 뜻이다. 즉 본 절은 계1장으로 돌아가 16절까지는 요한이 계시록을 쓰는 시점에서 주님이 하신 말씀이다.

"알파와 오메가요, 처음과 마지막이라 시작과 마침이라"하고 있는데 이 말은 같은 뜻을 지닌 말씀을 나열한 것으로 이는 주님이 하나님이심을 강조한 말로 "알파. 처음. 시작"은 "내가 창조자(조물주)"라는 말이고 '오메가. 마지막, 마침'은 나는 내가 목적한 것은 반드시 성취하는 심판주라는 것을 강조하는 말로 시작하신 것은 반드시 이루신다는 뜻이다. 즉 내가 역사의 수레바퀴를 이끌어 가는 자이며, 역사를 쥐락펴락하는 역사의 주인이란 말로 그러므로 내가 한말은 반드시 이

루어진다는 뜻이다.

관용어적으로 이 말은 주님이 역사의 주인으로 당신이 뜻하신 것은 반드시 성취하신다는 뜻이다.

두루마리를 빤다는 말은

계시록 22:14절을 보면 "자기 두루마기를 빠는 자들은 복이 있으니 이는 그들이 생명나무에 나아가며 문들을 통하여 성에 들어갈 권세를 받으려 함이로다"하고 있다.

"자기 두루마기를 빠는 자들은 복이 있으니"라는 말의 헬라어는 '마카리오이(복) 호이 플뤼논테스(플뤼노=씻다) 타스 스톨라스(두루마리) 아우톤(3인칭 대명사)'으로 그 뜻은 '그 두루마리를 씻는 자는 복이 있도다'라는 말로 여기서 '빠는'에 해당하는 헬라어 '플뤼논테스'가 현재 시제로 지속저인 행위를 나타나기에 주님의 피로 지속적으로 씻어야 함을 말한다. 이는 예수께서 베드로에게 목욕한 자는 발만 씻으면 된다고 말씀하신 것처럼(요13:10) 핍박과 환난 가운데 서도 계속적으로 예수님의 피를 의지하며 오직 하나님과 예수님에게만 충성을 다하며 회개해야 함을 시사하고 있다(계7:14).

그런데 이 말을 킹제임스에서는 '마카리오이(복) 호이 포이운테스(포이에오=행하다) 타스 엔톨라스(계명) 아우투'라 해서 '그의 계명들을 행하는 자들은 복이 있나니'로 해석하고 있다. 그런데 문맥상으로 볼 때는 킹 제임스의 해석이 더 적절한 것 같다. 왜냐하면 두루마리를 빠는 행위를 지속적으로 하라는 말은 회개하라는 말인데 진짜 회개는 말씀을 지키고 주님을 사랑하는 것이 회개이기에 킹제임스 해석이 더 적절하다. 그리고 여기서 복은 요한 시점으로 공중 재림에 참여하는 것을 말하기에 결국 이 말씀은 우리가 공중 재림에 참여하려면 계명인 말씀을 잘 지켜야 한다는 말이다. 그런데 이렇게 계명을 지킨다는 것은 주님을 사랑한다는 뜻이다. 왜냐하면 주님은 '나를 사랑하는 자는 나의 계명을 지키는 자라' 했기 때문이다(요14:15).

"복이(마카리오스) 있으니"하고 있는데 여기서 복은 공중 재림에 참여한 후 새 예루살렘에 들어가는 것을 말한다. "이는 그들이 생명나무에 나아가며"하고 있는데 생명나무는 본장1~2절을 보면 천당인 새 예루살렘에 있는 것으로 그 앞으로 나아간다는 말은 새 예루살렘에 들어간다는 말이다.

"성에(새 예루살렘) 들어갈(에이셀코마이) 권세를(엑수시아) 받으려 함이로다"하고 있는데 이렇게 주님의 계명을 지키는 자를 공중 재림에 참여하게 하고 새 예루살렘성에 들어가게 해 주님과 함께 영원히 왕 노릇할 권세를 갖게 하겠다는 말이다. 그런데 요14:15절에서 말한 것 같이 이 계명을 지키려면 주님을 진심으로 사랑하는 자만 가능하다는 것이다. 그러므로 주님을 사랑하라 그러면 자동적으로 계명은 지켜 지는 것이다.

관용어적으로 두루마리를 빤다는 말은 회개가 아닌 주님을 사랑해서 계명을 지키는 것을 말하는 말이다.

불지옥에 던져질 자들

계시록 22:15절을 보면 "개들과 점술가들과 음행하는 자들과 살인자들과 우상 숭배자들과 및 거짓말을 좋아하며 지어내는 자는 다 성 밖에 있으리라"하고 있는데 여기서 개들만 제외한 나머지 다섯 부류의 사람들은 이미 계21:8에서 언급된 불과 유황으로 타는 못에 참여한 자들의 명단에 포함된 자들이다. 그렇다면 여기서 개들은 누구를 말하는가? 개는 도덕적으로 부패하고, 하나님을 대적하는 사악한 자를 말하는데 우리나라와 그 의미가 똑 같다. 개는 토한 것을 다시 먹는 더러운 동물이라고 성경에서는 말한다.

"다 성 밖에(지옥) 있으리라"하고 있는데 이 말씀을 본장 14절과 연결하면 여기서 말하는 성은 새 예루살렘 성을 말하지만 그러나 본 절을 계21:8절의 내용에 개들만 추가 하면 계21:8절인 불과 유황 못인 지옥을 말한다. 그러므로 본 절은 계21:8절로 해석을 해야 한다. 본 절에서 말하는 성 밖은 천국 밖인 불지옥을 의미한다.

관용어적으로 이들은 천국 밖인 지옥에 던져질 자들을 말한다.

예수님은 어떤 분이신가

계시록 22:16절을 보면 "나 예수는 교회들을 위하여 내 사자를 보내어 이것들을 너희에게 증언하게 하였노라 나는 다윗의 뿌리요 자손이니 곧 광명한 새벽 별이라 하시더라"하고 있는데 본장12절부터 본 절까지는 예수님이 하신 말씀이다.

'내 사자를(앙겔로스) 보내어'하고 있는데 이 말은 계시록 1:1절인 '그의(예수님) 천사를 그 종 요한에게'하는 말과 같은 말이다. 계시록1:1절에서도 그의 천사를 보내신 분이 예수님이시라 했는데 본 절도 역시 예수님이 보내셨다고 말씀하고 있다. 그런데 이렇게 보냄을 받은 천사는 계시록 21:9절과 계시록 22:6절의 일곱 대접 가진 천사 중 한 천사이다.

"너희에게 증언하게 하였노라"하고 있는데 여기서 '너희에게'로 번역된 헬라어 '휘민'은 복수로 계1:1에서와 같이 요한만을 의미하기 보다는 요한을 비롯한 모든 구속받은 자들, 즉 하나님의 백성 전체를 가리킨다.

"나는 다윗의 뿌리요 자손이니"하고 있는데 이 말의 헬라어는 '에고(나는) 에이미(이다) 헤 흐리자(뿌리) 카이 토 게노스(자손) 투 다비드(다윗)'로 그 뜻은 '나는 다윗의 뿌리이며 자손이다'라는 말인데 여기서 뿌리는 계시록 5:5절과 같이 후손이라는 말이 아니라 뿌리를 거슬러 올라가면 조상이 나오는데 바로 그 조상이라는 뜻이다. 그리고 또한 나는(예수) 다윗의 후손(자손)이라는 말이다. 그래서 공동번역은

이 말을 '나는 다윗의 뿌리에서 돋은 그의 자손이며'로 해석하고 있다. 즉 다윗이라는 조상에서 돋은 그의 자손이라고 말이다.

"광명한 새벽 별이라 하시더라"하고 있는데 이 말의 헬라어는 '호 아스텔(별) 호 람프로스(훌륭한,화려한,아름다운) 카이 홀드리노스(아침,새벽)'로 그 뜻은 '새벽의 아름다운 별이니라'로 여기서 광명한 새벽별이란 새벽에 가장 빛나는 별인 금성을 말하는 말로 이는 예수님이 다윗 가문의 왕들 중에 가장 뛰어난 왕이란 뜻이다(민24:17, 마2:2).

관용어적으로 예수님은 다윗의 조상이며 동시에 후손이며 별중의 별(금성)이 되시는 분이시다.

성령과 신부의 초청

계시록 22장 17절을 보면 "성령과 신부가 말씀하시기를 오라 하시는도다 듣는 자도 오라 할 것이요 목마른 자도 올 것이요 또 원하는 자는 값없이 생명수를 받으라 하시더라"하고 있는데 본 절을 혹자는 본장 12절에서 예수님이 속히 오리라 하신 말씀에 대하여 성령과 교회(신부)의 응답이라 하는데 이렇게 해석하면 부분적으로는 해석이 되지만 전체적으로는 해석이 매끄럽지 못하고 부자연스럽다. 그러므로 이는 12절에 대한 교회와 신부의 응답이 아니라 성령과 신부가 복음 전하는 것으로 해석해야 한다. 만약 본 절이 12절에 대한 응답이라면 본 절은 13절에 기록 되었어야 한다. 그러므로 본 절은 12절의 응답이 아닌 예수님의 모든 말씀이(계시록) 본장16절로 끝나게 되자 그 말씀을 듣고 성령과 신부가 후손들에게 복음을 전하며 초청하는(전도하는) 장면으로 봐야 한다. 본 절의 시점도 역시 요한이 계시록을 쓰는 시점인 것이다.

"성령과 신부가"하고 있는데 이 말씀의 헬라어는 '토 프뉴마(성령) 카이 헤 뉨프헤(신부)'로 그 뜻은 '성령과 신부'라는 말인데 그런데 여기서 이단인 '하나님의 교회'는 본 절의 '신부'를 '장길자'로 해석을 해 '장길자'가 하나님의 신부 즉 아내라 해서 자기를 하나님의 아내로 속여 성도들과 사람들을 미혹하고 있는데 성경에서 말하는 아내 곧 신부는 계 21:9절과 엡 5:25절을 보면 성도들을 말하고 있고, 또한 요 3:29절을 보면 '신부를 취하는 자는 신랑'이라 하며 예수님을 신랑, 우리 성도들을 신부로 말하고 있다.

"성령과 신부가 말씀하시기 오라 하시는도다"하고 있는데 이 말은 앞에서 언급했던 것 같이 12절에 대한 응답이 아니라 성령과 신부가(성도) 불신자들에게 주님께 돌아오라고 전도하며 초청하는 말씀이다. 그런데 본 절에 세 번 '오라'하고 있는데 이 오라는 말의 헬라어 '엘코마이'는 현재 시제로 예수님이 재림하면 더 이상 구원의 기회가 없으니 빨리 복음을 듣고 지금 오라고 초청하는 말씀이다.

"듣는 자도 오라 할 것이요"하고 있는데 이는 복음을 듣고 예수를 영접한 자들도 역시 성령과 신부처럼 똑 같이 예수 믿으라 전도할 것이라는 말이다. "목마른(딥사오) 자도 올 것이요"하고 있는데 지금 까지 오라는 말이 예수를 믿으라는 초청의 부름이었다면 본문의 목마른 자도 오라는 말은 성령을 말하는 말이다. "또 원하는(델로) 자는 값없이 생명수(휘돌 조에스) 를 받으라(람바노) 하시더라"하고 있는데 여기서 생명수는 이 땅에서는 성령 받는 것을 말하고, 천당에선 영생을 상징함으로 본 절에서는 목마른 자는 성령을 받으라는 말이다.

관용어적으로 본 절은 16절에서 계시록의 모든 당부의 말씀이 끝나게 되자 성령과 신부가 세상 사람들에게 복음으로 초청하는 장면이다.

계시록 말씀을 첨삭하면

계시록 22:18~19절을 보면 "내가 이 두루마리의 예언의 말씀을 듣는 모든 사람에게 증언하노니 만일 누구든지 이것들 외에 더하면 하나님이 이 두루마리에 기록된 재앙들을 그에게 더하실 것이요, 만일 누구든지 이 두루마리의 예언의 말씀에서 제하여 버리면 하나님이 이 두루마리에 기록된 생명나무와 및 거룩한 성에 참여함을 제하여 버리시리라"하고 있는데 본 절부터 마지막21절까지는 요한이 한 말인데 특별이 18~19절은 계시록을 듣거나 읽고 상고할 모든 성도들에게 주는 경고의 메시지이다. 메시지 내용은 누구든지 본서에 기록된 하나님의 계시의 말씀을 의도적으로 왜곡하거나 첨삭해서는 안

된다는 것이다.

"만일 누구든지 이것들 외에 더하면 하나님이 이 두루마리에 기록된 재앙들을 그에게 더하실 것이요"하고 있는데 여기서 '기록된'에 해당하는 헬라어 '게그람메누스(그랍호=기록하다)'는 완료 시제로 이미 완전히 기록된 것을 가리킨다. 그러므로 이는 계시가 자기 생각으로 부족하다 하여 자기가 받은 특별계시를 첨가하고 싶어 첨가하게 되면 두루마리 즉 계시록에 기록된 재앙들이 그에게 첨가 될 것이라 하며 첨가하지 말 것을 엄하게 경고하고 있다. 그런데 이렇게 첨가하는 자들은 주로 '장길자'나 '신천지'와 같은 이단들이 하고 있다.

"만일 누구든지 이 두루마리의 예언의 말씀에서 제하여 버리면 하나님이 이 두루마리에 기록된 생명나무와 및 거룩한 성에 참여함을 제하여 버리시리라"하며 '제하여 버리면'하고 있는데 이 말의 헬라어는 '압하이레(압하이레오=베어버리다,떼어버리다)'로 그 뜻은 떼어버리는 것을 말하는데 쉽게 말해 제거하는 것을 말한다. 그런데 이렇게 하나님의 말씀을 제거해 버리면 새 예루살렘에 참여하는 것을 제거해 버린다는 말이다.

"생명나무와 및 거룩한 성에"하고 있는데 이 두 말씀은 새 예루살렘에서 영생하는 것을 상징하는 관용어이다. 그러므로 이는 계시록의 말씀을 제거하면 새 예루살렘에 들어갈 수 있는 권리를 제거해 버린다는 말씀이다. 그런데 이렇게 계시록의 말씀을 제거하는 오류를 범하는 일은 믿는 자들이 범하기 쉬운 죄로 계시록을 상징으로 해석하는 것을 말한다.

관용어적으로 계시록의 말씀을 첨가하는 죄는 이단들이 범하는 죄이고 제거해 버리는 죄는 성도들이 범하기 쉬운 죄이다.

마라나타가 아닌 마라나다라는 표기가 바른 표기이다.

계시록 22:20절을 보면 "이것들을 증언하신 이가 이르시되 내가 진실로 속히 오리라 하시거늘 아멘 주 예수여 오시옵소서"하고 있다.

"이것들을 증언하신 이가 이르시되"하고 있는데 이 말의 헬라어는 '레게이(레고=말하다) 호 말튀론(말튀레오=증인이 되다) 타우타(지시 대명사=이것)'로 그 뜻은 '이것들을 증언하신 이가 말하다'라는 말로 여기서 '이것들'은 계시록 전체를 말하는 말인데 이렇게 계시록 전체를 증언하신 분은 예수님이다. 그런데 여기서 지시 대명사 '타우타'의 유래가 '무덤'을 의미하는 명사 '탑호스'에서 왔는데 '탑호스'는 동사 '타프토(장사한다)'에서 온 말로 '무덤'을 의미한다. 그리고 '말튀론'은 현재 분사이다. 그러므로 이 말을 다시 해석하면 "무덤이 증언하여 말하길"로 되어있다.

"내가 진실로 속히 오리라"하고 있는데 이 말의 헬라어는 "나이(진실로), 엘코마이(오다) 타퀴(갑자기)"로 그 뜻은 "진실로 갑자기 오리라"라는 말로 여기서 '엘코마이'는 현재시재이다. 또한 '속히'라는 '타퀴'가 '속히'라는 말로 해석도 되지만 '갑자기'로도 해석이 되기에 내가 속히 오리라는 말이 지금 현재 온다는 말이 아니라 어느날 갑자기 온다는 말이다. 그래서 이 말이 재림의 긴박성과 임박성을 알리는 관용어라 하는 것이다.

"아멘 주 예수여 오시옵소서"하고 있는데 이 말은 요한이 상반절의 말을 받아 화답하는 말이다. 그런데 이 말의 헬라어는 '아멘, 엘쿠(오다) 퀴리에(주) 이예수(예수)'로 그 뜻은 '아멘 주 예수여 오시옵소서'라는 말인데 이 말은 아람어(히브리어) '마라나다(고전16:22)'를 번역한 말로서 우리에게는 '마라나타'로 더 잘 알려져 있는 말이다. 그런데 본 절의 "아멘 주 예수여 오시옵소서"할 때 오시옵소서라는 말이 마라나타로 되어 있는줄 아는데 본 절에서는 마라나타라는 말이 나오지 않고 헬쿠(엘코마이)로 나오고 있다. 다시 말해 본 절에는 '마라나타'든 '마라나다'든 어떤 말로 나오지 않고 있다는 말이다. 그러면 이 '마라나다'라는 말이 어디서 나오냐는 것이다. 그것은 고전16:22절 "만일 누구든지 주를 사랑하지 아니하면 저주를 받을지어다 우리 주여 오시옵소서"할때 '오시옵소서'가 마라나다로 되어있다.

이 '마라나다'라는 말은 본래 초대 교회에서 성찬 예식을 행할 때 공식적으로 사용한 기도문이었다. 초대교회 교인들은 예수님이 금방이라도 재림하시길 간절히 고대하고 있었으며 그러한 그들의 염원이 이처럼 하나의 기도문으로 표현되었다. 그리고 그들은 이 같은 기대

속에서 날마다 핍박을 이겨내며 승리의 삶, 기쁨의 삶을 살았던 것이다. 초대 교회 교인들은 언제나 주님 맞을 준비를 갖춘 가운데 날마다 신앙고백을 하듯이 아멘 주 예수여 오시옵소서를 외쳤던 것이다.

관용어적으로 아멘 주 예수여 오시옵소서라는 말은 재림의 모든 준비를 갖춘 자가 재림을 고대하여 외쳤던 초대교회의 기도문이었다.

요한의 축도

계시록 22장 21절을 보면 "주 예수의 은혜가 모든 자들에게 있을지어다 아멘"하고 있는데 예언서에서 이렇게 축도로 마치는 경우는 드문 일인데 요한은 바울의 서신과 같이 축도로 본서를 맺고 있다. 왜냐하면 본서의 대상이 성도들이기 때문이다.

여기서 '모든 자들에게'에 해당하는 헬라어 '메타(함께) 판톤(모든)'에 대해서 혹자는 일반적인 모든 사람을 지칭하는 것으로 해석하나 앞 절에서 언급된 바와 같이 예수님의 주권과 그의 재림을 간절히 소망하는 모든 성도들을 지칭하는 것으로 보는 것이 더 타당하다.

관용어적으로 요한의 축도는 주님의 재림을 기다리는 자에게 하는 축복의 축도였다.

퍼즐 레마 성경 공부

오흥복 목사의 저서 시리즈

헬라어적 관점과 역사론적 관점과 관용어적 관점으로 본
하존 요한 계시록 1권(계1-계3장 까지)
헬라어적 관점이란 개정성경의 각 장의 요절들을 헬라어로 쉽게 해석했다는 말이며 또한 헬라어의 유래를 찾아 헬라어가 어떻게 변했는지 쉽게 설명하고 있다는 말입니다. 또한 역사론적 관점이란 요한 계시록을 역사론적으로 해석하고 있다는 말이며, 관용어적 관점이란 요한 계시록이 관용어로 연결되어 있는 것을 관용어를 찾아 설명하고 있다는 말입니다. (가격 11,000원)

헬라어적 관점과 역사론적 관점과 관용어적 관점으로 본
하존 요한 계시록 2권 (계4-계8장 까지)
요한 계시록은 관용어로 기록되어 있는데 이 관용어를 히브리어로 마샬이라 하는데 마샬을 다른 말로 하면 잠언이란 뜻입니다. 예수님의 비유를 헬라어로 파라볼레라 하는데 이 파라볼레의 유래가 마샬로 되어있습니다. 이 마샬을 쉽게 해석하면, 관용어, 속담, 격언이란 뜻입니다. 그런데 계시록이 바로 이 관용어인 마샬로 연결되어 있다는 것입니다. 그러므로 본 책을 보시면 계시록을 기록할 당시 요한이 이 관용어를 어떻게 사용해서 계시록을 기록했는지 알 수 있게 됩니다. (가격 11,000원)

헬라어적 관점과 역사론적 관점과 관용어적 관점으로 본
하존 요한 계시록 3권(계9-계12장 까지)
계시라는 말에는 헬라어 '아포칼륍시스'와 히브리어 '하존'이라는 말이 있는데 '아포칼륍시스'는 자연계시, 일반계시, 특별계시, 기타등등의 계시라 해서 광역적인 계시를 말하고, 하존이란 한 가지 주제에 포커스(초점)을 맞추고 집중 조명하는 것을 말하는데 제가 쓴 책인 이 요한 계시록이라는 책이 바로 종말(하존)에 포커스를 맞추고 쓴 책입니다. (가격 11,000원)

헬라어적 관점과 역사론적 관점과 관용어적 관점으로 본
하존 요한 계시록 4권 (계13-계17장 까지)
이 책을 선택하신 여러분은 탁월한 선택을 하신 것입니다. 왜냐하면, 한국에서 헬라어적 관점과 역사론적 관점과 관용어적 관점으로 요한 계시록이란 책을 쓴 사람이 없고, 이 세 가지 입장에서 세미나를 하시는 분도 한 분도 없기 때문입니다. 그러나 저는 이 세 가지 관점에서 이 책을 썼습니다. (가격 12,000원)

헬라어적 관점과 역사론적 관점과 관용어적 관점으로 본
하존 요한 계시록 5권 (계18-계19장,계21-계22장 까지)

관용어란 히브리어로 '마샬' 이라 하는데 이 말은 잠언을 말하는 말인데 그 뜻은 "속담, 격언, 관용어"란 뜻을 가지고 있습니다. 그런데 이 마샬에서 비유라는 사복음서의 파라볼레가 유래 되었는데 이를 관용어라 합니다. 그런데 놀랍게도 요한 계시록은 제1장부터 22장까지 이 비밀코드인 마샬(파라볼레=관용어)로 다 연결되어 있다는 것입니다. (가격 12,000원)

헬라어적 관점과 역사론적 관점과 관용어적 관점으로 본
하존 요한 계시록 6권 (계22장)

계시록은 관용어라는 비밀코드로 연결되어 있습니다. 그러므로 이 관용어인 비밀코드를 알지 못하면 요한 계시록은 해석될 수 없습니다. 그런데 저의 본 책이 바로 이 비밀코드를 푸는 열쇠가 될 것입니다. 왜냐하면, 계시록에 나와 있는 관용어를 다 정리해 놓았기 때문입니다. 여기서 관용어란 속담,격언,잠언,비유를 말하는 말입니다. (가격 12,000원)

뉴 동의보감

어느 약사 장로님이 저의 이 책을 보시고 말씀하시길 "허준의 동의보감보다 목사님이 쓰신 이 책이 동의보감보다 더 잘 쓰셨습니다" 하고 말씀 하시는 것을 들어 보았습니다. 그 약사 장로님이 말씀 하신 것 같이 이 책에는 어느 병에는 어느 약초들이 좋은지 그 약초들의 소개로 가득차 있습니다. 저 또한 몸에 병이 올때 제가 쓴 이 책에 나오는 약초들을 사용함으로 거의 대부분의 병을 치료받곤 했습니다.(가격 11,800원)

나는 기도응답을 100% 받고 있다

저자 오흥복 목사는 2003년까지만 해도 기도응답을 거의 받지 못했지만 기도의 방법을 바꾸고 나서 거의 100% 기도 응답을 받고 있다. 이 책에서는 이렇게 거의 100% 기도 응답 받을 수 있는 방법이 제시되고 있다. 여러분들도 이 책에서 제시하는 방법대로 기도하는 순간, 기도응답을 거의 100% 가까이 받게 될 것이다. (가격 12,000원)